러시아가
승리한다면

러시아가 승리한다면

2028년 전쟁 시나리오

WENN
RUSSLAND
GEWINNT

카를로 마살라 지음 × 이지윤 옮김

시프

서문

주인공은 위협받고 있다. 악당에게 멱살을 잡혔으나 멀리 떨어진 권총에는 손이 닿지 않는다. 폭발물을 잔뜩 실은 비행기는 백악관을 향해 돌진 중이다. 관객들은 숨을 죽인다. 희망이 보이지 않는다. 바로 그때! 악당의 손아귀에서 벗어난 주인공이 떨어진 권총을 낚아채고 비행기의 기수를 들어 올린다. 이번에도 간신히 위기를 넘긴다.

우리는 결국에는 다 해결되는 결말에 익숙하다. 할리우드 영화는 그렇다. 1945년에도, 1989년에도 그랬다. 물론 바로 해결되지는 않는다. 그랬다면 지루했을 테니까. 하지만 마지막에는 모두 해결된다. 우리의 민주주의도, 우크라이나도, 서방 세계도 분명 위협받고 있다. 포퓰리스트가 선거에서 승리하고, 러시아군은 진격하며, 미국 대통령은 도널드 트럼프다. 그래도 결말은 나쁘지 않을 것이다. 러시아가 우리를 공격할 리 없고, 민주주의는 버텨낼 것이며, 서방은 건재할 것이다.

정말 그럴까? 그렇지 않다면? 만일 러시아가 승리한다면 어떻게 될까?

우리가 어떤 위험에 처했는지, 어떤 결정이 어떤 결과를 초래하는지를 이해하려면 일단 무슨 일이 일어날 수 있는지를 알아야 한다. 바로 이 지점에서 시나리오가 빛을 발한다. 학문적 연구는 물론 정치나 군사 계획에서도 시나리오 작성은 현재의 경향과 사건을 토대로 미래를 전개하기 좋은 수단이다. 그 핵심은 사건의 전개를 좌우하는 조건과 지표, 요인을 정확히 파악하고, 현재를 넘어서는 가능성을 창의적으로 모색하는 데 있다.

시나리오는 우리 사고가 뻗어나갈 공간을 넓혀준다. 그리고 지적 안일함과 근시안적 정치 판단을 예방한다. 우크라이나가, 그리고 우리 시대가 어떤 위험에 처해 있는지를 정확하게 인식하려면, 결국 일이 잘 마무리되지 않았을 때 무슨 일이 일어날 수 있는지를 알아야 한다.

러시아가 우크라이나와의 전쟁에서 승리할 가능성은 분명 존재한다. 어쩌면 이 책이 세상에 나왔을 때 이미 러시아가 이겼을지도 모른다. 누가 장담할 수 있을까? 무엇을 승리로 볼 것인가를 따질 때, 나는 러시아가 현재 점유하고 있는 영토를 그대로 유지할 수 있다면 러시아의 현실적 승리라고 본다. 물론 어떤 사람들에게는 우크라이나가 중요하지 않을지도 모른다. 전쟁이 끝나면 다 괜찮아질 거라고 생각하는 사람들도 적지 않다. 러시아에게 원하는 것을 주면 모든 것이 정상으로 돌아가고 평화가 돌아온다고 믿는다.

과연 그럴까? 정말 우크라이나만이 문제였을까? 만일 우크라이나와의 전쟁이 시작에 지나지 않는다면? 사실은 유럽의 안보와 자유주의 세계 전체가 위험에 처했는데도 우리가 눈을 감고 귀를 막고 있는 것이라면? 이 책에서 내가 펼쳐낼 시나리오는 그 과정이 어떻게 전개될 수 있는지를 보여주는 데 초점을 둔다.

미래는 항상 열려 있다. 아무도 미래를 알 수 없으며, 아무도 그것을 결정하는 모든 요소와 맥락을 한눈에 볼 수 없다. 그러므로 시나리오는 하나의 가능성일 뿐 유일한 가능성은 아니다. 항상 이 점에 유념해야 한다. 내 목표는 예언이 아니다. 내 목표는 사람들이 고민하고, 토론하고, 더 깊이 사고하도록 유도하는 것이다. 특히 시나리오로 예행연습을 하는 목적은 현실에서 같은 상황이 발생하는 일을 예방하는 데 있다는 점을 강조하고 싶다.

내 시나리오는 실제 상황과 학문적 연구, 지난 2년간 수많은 동료와 나눈 논의를 토대로 한다. 또한 러시아가 승리할 경우, 안보 정책에 미칠 영향을 고심하는 군의 참모진 및 정부 관계자들과의 대화에서 얻은 내용도 참고했다. 그리고 내가 직접 혹은 관찰자로 참여한 전쟁 시뮬레이션(War Game) 결과도 일부 포함되었다. 다만, 여기서 펼쳐낸 시나리오 자체는 나만의 작품이다. 안보와 방위 정책 분야에서는 여러 형태의 다른 시나리오가 만들어지고 논의되고 있다. 그중에는 러시아가 나토 가입국들에 맞서 포괄적 군사 조치를 취할 가능성에 관한 것도 있다.

내 시나리오는 학문적 기준을 따르지만 학술적 시나리오는 아니다. 앞으로 일어날 일에 관한 단순 기술 외에도, 장면과 대화를 풍부하게 삽입하여 독자들이 사건의 관찰자로 참여하는 기분을 느낄 수 있도록 했다. 또한 이 시나리오는 매우 압축적이다. 현실은 훨씬 복잡다. 실무자들 사이에 수없이 많은 대화와 회동이 오가고, 협상 주체 간 전화 및 화상 회의가 쉴 새 없이 열릴 것이다. 하지만 나는 가독성을 위해 그런 설명은 과감히 포기하고 굵직한 사건에만 집중했다.

이 책을 쓰는 동안 많은 분과 대화를 나누었고, 이 대목에서 그분들께 감사의 마음을 전하고 싶다. 특히 감사하고 싶은 분은 C.H Beck 출판사의 세바스티안 울리히 편집장이다. 그는 기획 단계부터 예의 차분함과 전문성으로 나를 지지해 주었고, 집필이 본격적으로 시작되어 마무리에 이를 때까지는 지적인 스파링 파트너이자 탁월한 편집자로 과정의 전반에 동행해 주었다. 또한 '라인란트 재군비'를 비교 대상으로 삼아 논증을 펼쳐나갈 수 있도록 도와준 마틴 슐체 베젤에게도 감사를 전한다.

차례

Wenn Russland gewinnt

2028년
3월 27일

에스토니아
나르바

2028년 3월 27일 이른 아침, 에스토니아의 접경 도시 나르바(Narva) 주민들은 느닷없는 폭발에 잠에서 깬다. 러시아군 두 개 여단이 동과 북에서 도시로 침투한다. 위장한 침입자들은 에스토니아 국경 수비대를 단숨에 진압한다. 시내에 진입한 러시아 병사들을 막아보려는 저항이 미미하게 일어나지만 금세 무너진다. 아마 몇 주 혹은 몇 달 전부터 휴대용 화기와 기관총을 배급받은 지역 민간인 일부가 러시아군 편에 섰기 때문이다.

러시아군이 인구 5만 7,000명의 도시를 함락시키는 데까지 불과 몇 시간이면 충분하다. 해 뜰 무렵에는 이미 역사적인 시청탑에 러시아 국기가 휘날린다. 게양 장면을 담은 짧은 영상이 여러 소셜 미디어 플랫폼을 통해 거의 실시간으로 중계된다. 해시태그 *#귀환의 날*을 달고.

그 누구도 러시아의 침공을 예상하지 못했다. 물론 러시아어를 쓰는 나르바 시민들이 몇 주 전부터 시위를 벌여온 것은 사실이다. 그들은 공공 기관에서 러시아어를 사용할 권리와 고유한 문화를 누릴 기회를 박탈당했다고 주장했다. 중앙

정부가 그들을 2등 국민으로 전락시키고 투표권을 박탈할 것이라는 허위 정보가 소셜 미디어에 유포되어 그들의 우려를 자극했다. 러시아와의 긴밀한 관계와 유대를 이유로 에스토니아 정부가 그들을 안보의 위협으로 여긴다는 정보가 텔레그램과 페이스북을 통해 퍼져나갔다.

최근 들어 이들 '러시아인'과 에스토니아 경찰 사이에 사소한 충돌이 빈발했다. 하지만 예전에도 늘 그래왔으므로 에스토니아 정부는 상황을 통제할 수 있으리라 예상했다. 국경에 소규모 러시아 부대가 집결했다는 사실도 확인되었지만 아무도 그것이 심각한 위협이라고 생각하지 않았다. 어쨌든 에스토니아에는 나토군이 주둔 중이기 때문이다. 유럽 동부 전선 전진배치(eFP) 개념 아래 주둔 중인 나토군이 1,700명이었고, 에스토니아 남동부 뵈루(Võru)에도 미군 보병 600명이 배치돼 있었다. 에스토니아 정부는 그 정도면 상황을 진정시키기에 충분한 억지력을 갖추었다고 확신했다.

심지어 러시아의 공격이 있기 며칠 전부터 에스토니아와 나토에서는 남쪽 국경 지대에 주의를 집중하고 있었다. 러시아군이 군사훈련 '조국'의 일환으로 한 개 사단 규모의 병력을 동원해 다양한 전술 시나리오를 연습하고 있었기 때문이다. 그 틈에 나르바 기습은 성공을 거두었다. 나르바에서 145킬로미터 떨어진 곳에 주둔하던 영국 지휘하 나토 병력이 적절한 대응을 하기에는 시간이 너무 촉박했다.

이날 밤 러시아의 군사 행동은 나르바를 침공하는 것으로 끝나지 않았다. 에스토니아 앞바다 히우마(Hiiumaa)섬에는 이미 며칠 전부터 관광객으로 위장한 러시아 병사들이 침투해 있었다. 이제 그들이 움직이기 시작한다. 러시아 발트해 함대의 수륙양용 전투함 두 척이 상트페테르부르크에서 발트해 공해로 향하던 중 돌연 항로를 변경하며 에스토니아에서 두 번째로 크지만 인구 밀도는 높지 않은 히우마섬을 북쪽에서 공격한다. 러시아 해군 보병 400명이 상륙정을 물에 띄워 해안에 상륙한 다음, 이미 섬에 있던 병력과 합류할 때조차 하늘은 여전히 어둑했다. 이곳에서도 저항은 빠르게 진압된다. 아침이 되자, 주민 4,000명이 사는 히우마섬의 중심 도시 캐르들라(Kärdla)에도 러시아 국기가 펄럭인다.

하룻밤 새 러시아는 에스토니아 도시 둘을 손에 넣고 나토의 허를 찔렀다. 러시아의 입장에서는 두 작전 모두 전략적으로 타당하다. 나르바 점령은 인구의 88퍼센트가 러시아어를 사용하는 도시를 확보했다는 점에서 의미가 크다. 히우마 섬은 러시아가 통제하는 두 항구, 즉 북쪽의 상트페테르부르크와 남쪽의 칼리닌그라드(Kaliningrad) 사이에 있으므로, 러시아 해군은 앞으로 발트해 봉쇄를 위협하거나, 필요하다면 실제로 해상봉쇄를 실행할 가능성을 갖게 되었다.

같은 날 밤 주목할 만한 사건이 하나 더 일어난다. 벨라루스의 독재자 알렉산드르 루카셴코는 조만간 자국군의 몇 개 여단을 리투아니아의 수도 빌뉴스(Vilnius)에서 50킬로미터도 채 떨어지지 않은 작은 국경 도시 아스트라베츠(Astravyets)에 훈련 목적으로 파견한다고 발표한다.

바야흐로 발트 3국을 향한 공격이 시작되었다.

3년 전,

제네바
유엔 본부

자유 우크라이나 대표단과 러시아 연방 대표단이 만난 스위스 제네바의 유엔 본부 회담장에는 냉랭한 분위기가 감돈다. 각각 다섯 명으로 구성된 양측 대표단은 미국과 중국의 중재 아래 몇 주 전부터 협정 문안을 조율해 왔다. 3년 넘게 전쟁을 치러온 사람들의 얼굴과 자세에는 전쟁의 흔적이 그대로 배어 있다. 비록 그중 한둘은 이제 갓 서른을 넘긴 터이지만, 다들 나이가 들어 보인다.

우크라이나인들은 그들이 지금 무얼 해야 하는지, 미국과 중국이, 그리고 러시아가 그들에게 바라는 것이 무엇인지를 분명히 알고 있다. 그들은 항복 문서에 서명하기 위해 제네바에 왔다. 전통적인 항복이 아니라 국토의 20퍼센트 이상을 포기해야 한다는 내용이다. 그들은 지난 3년간 그 땅을 지키기 위해 막대한 희생을 치렀다. 하지만 이제는 싸울 인력도, 물자도, 서방의 지원도 없다.

지난밤까지도 우크라이나의 대통령 볼로디미르 젤렌스키는 서방 파트너들과 마지막 회담을 했다. 그는 러시아의 승리가 유럽 안보에 초래할 재앙적 결과를 경고하면서, 전쟁을 계속할 수 있도록 추가 지원을 요청했다. 그러나 분위기는 이미 돌아섰다. 미국 대통령은 전세가 더 이상 나아지지 않은지 오래라고 말했다. 성과는 어디에 있는가? 최근 우크라이나는 몇 제곱킬로미터를 탈환했는가? 그는 그렇게 많은 돈을 우크라이나에 투입해야 하는 이유를 더는 미국 국민에게 설명할 수 없다고 했다. 전쟁에 지원한 돈으로 그린란드를 샀더라면 가성비가 훨씬 좋았을 거라고도 했다.

"나는 손해 보는 일은 하지 않습니다."

그 순간, 영국 총리가 반론을 시도했다.

"대통령님, 유럽은⋯."

그러나 말은 거기서 막혔다.

"네, 유럽은 자기 안보를 지키는 데 돈을 내야만 합니다."

그의 말을 가로챈 상대가 일장 연설을 이어갔다. 러시아는 인명 피해가 크고, 물적 손실도 심각하다. 충분히 약해졌으므로 앞으로 쉽게 저지할 수 있을 것이다. 지금은 전쟁을 끝낼 때다. 젤렌스키 대통령이 계속 싸우고 싶다면 기꺼이 그렇게 하면 된다. 단, 계산은 셀프. 회담장은 침묵에 잠겼다.

"젤렌스키는 게임이 끝났다는 것을 인정해야만 한다."

다음 날 영국의 한 조간신문은 프랑스 대통령의 말을 기사에 실었다. 유럽연합은 우크라이나 방어에 필요한 군사 장비 생산을 급격히 확대해 지속적인 수급을 보장할 수준으로 끌어올리는 데 끝내 실패했다. 따라서 미국이 빠진 자리를 홀로 감당하기에는 역부족이었다. 물론 지난 몇 달간 우르줄라 폰 데어 라이엔(Ursula von der Leyen) 유럽연합 위원장을 비롯한 거의 모든 유럽 정상은 미국이 물러서면 유럽의 시간이 올 것이라는 말을 기도문 외듯 되풀이했다. 하지만 막상 때가 되자, 지난 3년간 늘 그랬던 것처럼 그 또한 공수표에 그쳤다.

대부분의 유럽 국가가 경제적 위기감이 만연한 상황이다 보니, 국민에게 우크라이나를 위한 추가 지출을 요구할 엄두를 내지 못했다. 우크라이나 난민을 더 많이 수용해야 할지도 모른다는 우려가 커지면서 여론도 바뀌었다. 사람들은 우크라이나 원조를 문제 삼아 표를 끌어모으는 데 성공한 극우 세력과 좌파 포퓰리즘 정당이 점점 더 많은 지지를 얻을까 봐 우려했다. 결국 우크라이나 대통령에게는 러시아와 휴전 협상에 나서는 것 외에는 다른 선택지가 없었다.

국제사회에는 그 결과가 '제네바의 평화'로 미화되어 공표되지만 실상은 '제네바의 항복'에 가깝다. 우크라이나는 사실상 영토의 20퍼센트 이상을 포기해야 할 뿐 아니라, 나토 가입 금지를 포함하는 영구적 중립 조항을 헌법에 삽입해야 한다. 일종의 보상으로 세계은행이 재건 사업 자금을 지원하기로 합의하지만, 그 혜택은 '자유 우크라이나'뿐 아니라 러시아가 점령한 지역에도 적용된다.

이 굴욕적인 평화를 군사적으로 보장하기 위해 유럽과 중국 및 다양한 국가로 구성된 유엔 평화유지군에게 휴전 감시 임무를 위임하기로 합의한다. 그들의 임무는 양측의 휴전 위반 행위를 유엔 안전보장이사회에 보고하는 것이다. 러시아의 잠재적 공격을 실질적으로 억지하는 것은 그들의 임무가 아니다.

이로써 제2차 세계대전 이후 유럽에서 발생한 최대의 지상전은 우크라이나의 패배로 막을 내린다. 서방 정치인들은 러시아로 편입된 지역은 국제법상 결코 러시아의 영토로 인정될 수 없으며 이번 합의 또한 일시적일 뿐이라고 거듭 강조한다.

"우리는 머지않은 장래에 이 지역의 반환을 두고 러시아와 협상하기를 강력히 희망한다. 물론 남은 우크라이나인들도 경제적, 정치적, 군사적으로 서방의 지원을 계속 누릴 수 있을 것이다."

러시아 언론들은 이 협정을 있는 그대로, 즉 러시아의 승리로 여기고 축포를 터뜨린다. 예나 다름없이 러시아 토크쇼에서는 그간의 앙갚음을 하느라 바쁘다. 우크라이나를 지원한 나토가 패배했고 국제정치 무대에서 러시아의 힘과 위대함이 부활했다고 진행자들은 입을 모은다. 러시아가 현재 손에 쥔 것에 만족하리라 믿는 사람은 아무도 없다. 발트 3국과 몰도바, 조지아가 다시 러시아의 영향권으로 돌아오지 않는 한 '루스키 미르(Russki Mir)', 즉 러시아어권 전체를 하나로 포괄하는 러시아 중심의 평화 질서 프로젝트는 계속될 것이다.

정작 서방에서는 우크라이나의 패배를 유럽 안보 질서를 향한 중대한 위협으로 받아들이는 목소리가 거의 나오지 않는다. 전반적인 분위기는 오히려 그 반대다. 공공연하게 떠드는 사람도 있고 조심스럽게 속삭이는 사람도 있지만, 여하튼 전쟁이 끝났다고 안심하는 기색이 어디서나 감지된다.

한 줄기

새로운
바람

항복협정이 체결되자 지난 3년간 우크라이나에 대한 군사적, 정치적 지원을 강하게 요구해 온 사람들에 대한 비판이 시작된다. 원래 좌우 진영의 포퓰리즘 정당이 해오던 주장을 이제는 2027년 선출된 국민전선* 소속 프랑스 대통령이 이어받는다. 그는 선거유세에서 말한다.

"전쟁을 선동한 나라들은 자국의 경제를 파탄에 이르게 했다. 더구나 1년 반 전에 이미 같은 결과에 도달할 수 있었던 전쟁을 불필요하게 연장한 결과, 수천 명 아니, 수십만 명의 우크라이나인에게서 오늘 살아 있을 수 있었던 기회를 빼앗았다."

이런 목소리가 미국과 유럽의 담론을 지배하고, 침략 전쟁의 시작점부터 러시아 편에 섰던 극좌우 포퓰리스트 정당들이 유럽연합 안에서 입지를 강화할 수 있도록 이끈다. 이들 정당의 지지율은 지방선거에 이어 전국선거에서도 오름세를

---

* Front National, 1972년 장 마리 르펜이 창당한 프랑스의 극우 민족주의 정당으로 현실에서는 2018년에 '국민연합'으로 당명을 변경했다.

보인다. 프랑스 다음으로 이탈리아에도 극우 포퓰리스트 정권이 들어서며 외교 및 안보정책상의 방향 전환을 시도한다. 전쟁 중 이탈리아는 군사적, 경제적으로는 미미했으나 정치적으로는 확실하게 우크라이나를 지지했다. 하지만 항복협정 체결 후 로마에서는 러시아와의 관계 복원을 검토해야 한다는 요구가 자주 들린다.

미국에서도 외교의 무게 중심이 바뀌고 있다. 러시아와 우크라이나의 전쟁이 적어도 고강도 국면에서는 벗어났으므로, 전후 질서는 유럽의 문제로 간주하고 미국은 다시금 인도양 및 태평양 지역에 집중해야 한다는 요구가 미국 공화당은 물론 민주당 진영 내에서도 강해진다. 오래 지나지 않아 미국 국방정책 담당자들은 유럽에 주둔한 미군을 감축해 아시아로 재배치해야 한다는 데 초당적 합의를 이룬다.

모스크바의 해빙?

모스크바의
해빙?

전 세계가 놀란 가운데 블라디미르 푸틴이 퇴진을 발표한다. 불과 이틀 전만 해도 그를 "영원한 대통령"이라고 부르며, "그 어느 때보다 안장 위에 굳건히 앉아 있다"라고 평가했던 독일 공영방송 ARD의 모스크바 특파원은 충격을 금치 못한다.

푸틴은 TV 담화를 통해 우크라이나에 대한 승리는 "러시아가 대국으로 복귀하는 길에 놓인 역사적으로 중요한 이정표"라고 선언한다. 그의 말에 따르면, 러시아는 "세계 최대이자 가장 공격적인 군사 동맹인 나토마저도 영원한 러시아를 굴복시키고 무릎 꿇릴 수 없다는 사실"을 온 세상에 증명했다. 그리고 이제 "러시아의 역사적 사명"을 완성할 책임을 다른 사람의 손에 넘겨야 할 때가 되었다. 그는 고향으로 돌아가 사냥과 낚시만 하며 지낼 생각은 없지만, 앞으로는 새로운 러시아 재단의 이사장으로 배후에서 역할을 맡게 될 것이다.

푸틴은 후임으로 금융권 출신인 마흔일곱 살의 경제학자 올레그 오브만치코프[*]를 임명한다고 밝힌다. 연방 하원의회

---

[*]　시나리오상 가상의 인물

'두마'에서 임명을 승인해야 하지만, 푸틴은 사전에 주요 정당 대표들에게 통보하였으므로 큰 문제는 없으리라 예상한다.

전 세계 언론들은 즉각 푸틴의 행보를 두고 갖가지 추측을 쏟아낸다. 러시아가 이 전쟁으로 입은 참혹한 인명 피해와 경제적 손실을 고려할 때, 핵심 측근과 지지자들에게 퇴임 압박을 받은 것일까? 국정 운영을 다른 이에게 넘겨야 할 정도로 큰 병에 걸린 것일까? 아니면 이 또한 노회한 전직 KGB 요원의 술책일까? 국민과 국제사회 앞에는 개혁적인 젊은 정치인을 내세우고, 실제로는 러시아 연방보안국 FSB와 함께 배후 조종간을 잡는 게 아닐까?

후자의 가능성에 힘이 실리는 이유는 제네바 합의에도 불구하고 유럽과 미국이 러시아에 부과한 제재의 상당 부분이 여전히 유효하기 때문이다. 새로운 인물의 등장은 어쩌면 빠른 시일 내에 제재를 푸는 데 도움이 될지도 모른다. 그러나 이 모든 것은 추측에 불과하다. 예나 지금이나 언론은 크렘린의 핵심 세력에 접근할 수 없으므로 이번 동기에 대한 분석도 어디까지나 암중모색에 지나지 않는다.

오브만치코프에 대해 알려진 바로는 러시아 금융권 출신으로 젊은 시절 한동안 영국에서 유학했고 이후 몇 년 간 회계법인 언스트앤영(Ernst&Young) 두바이 지사에서 근무했다는 정도다. 젊고 카리스마 있으며 개방적인 그는 첫눈에도 푸틴이나 세르게이 라브로프* 같은 기성 정치인과는 달라 보인다.

두마에서의 첫 공식 연설에서 오브만치코프는 우크라이나의 행정구역인 도네츠크(Donetsk)와 루한스크(Luhansk), 자포리자(Zaporizhzhia)와 헤르손(Kherson)은 물론 크림반도의 합병에 대한 단호한 태도를 유지하며 이들을 러시아 본토의 일부로 규정한다. 이는 러시아 국민은 물론, 국제 여론까지 염두에 둔 메시지다. 하지만 동시에 관계 정상화를 위해 우크라이나와 대화할 의지도 내보인다. 그는 러시아와 우크라이나의 미래 관계를 설명하면서, 1969년 독일 연방 총리 빌리 브

---

* Sergey Lavrov, 푸틴 대통령 체제에서 20년 넘게 외무장관직을 유지한 인물로 '푸틴의 외교적 얼굴'이라 불린다.

란트(Willy Brandt)가 취임 연설에서 서독과 동독 관계를 일컬으며 사용한 유명한 표현인 "한 나라 안의 두 국가"를 인용한다. 다만, 그 정확한 의미에 관해서는 함구한다.

독일 내에서는 러시아 대통령의 표현을 둘러싼 논란이 일어난다. 독일 사회민주당(SDP)의 대부분은 그의 발언에 열광적 환호를 보낸다. 연방의회는 물론 사회민주당 내부에도 올라프 숄츠(Olaf Scholz) 총리가 주도한 우크라이나 지원을 전략적 실패로 간주하는 세력이 우세하다. 사람들은 마치 1980년대로 회귀한 기분을 느낀다. 당시 미하일 고르바초프(Mikhail Gorbachev)는 소련 공산당 서기장이 되어 소련 공산주의 개혁에 대한 기대를 오롯이 완수했다. 오브만치코프 시대에 같은 일이 일어나지 말라는 법이 있을까? 이는 비단 사회민주당 지지자들만의 기대는 아니다.

따라서 신임 러시아 대통령이 임기 첫 달에 재래식 군비 통제 재가동에 관한 구상을 내놓자 국제 여론은 놀라면서도 예의주시하는 분위기다. 당연히 회의와 불신도 존재한다. 오브만치코프는 믿을 수 있는 사람일까? 아니면 정보기관이나 군대의 꼭두각시일까? 유럽은 물론 미국의 정보기관도 선뜻 답하지 못한다. 러시아는 여전히 국제적으로 고립되었으므로, 정부 및 국가수반조차 그에 대한 개인적인 정보를 얻기가 어렵다.

그래도 끔찍한 빙하기가 지나고 새로운 해빙기가 도래하리라는 희망으로 모두가 모스크바에 긴장 어린 시선을 보낸다. 서구는 새로운 냉전 시대는 기필코 피하고 싶다. 냉전은 어마어마한 자원을 삼켜버릴 것이다.

크렘린의 새 주인에 관한 더 많은 정보를 얻기 위해 특사가 파견된다. 오브만치코프와 그 측근들을 개인적으로 접촉한 외교관들의 보고서에는 공통점이 있다. 각국 외교부로 발송된 서한들은 정확히 어떤 세력이 오브만치코프의 권력을 떠받치고 있는지는 "정확히 알 수 없다"면서도 인물 자체는 "똑똑하고 카리스마 넘치며 변화의 의지가 있는 개혁가"라고 전한다.

그가 해외 언론과 한 복수의 인터뷰는 이러한 추정에 힘을 싣는다. 제2의 고르바초프가 모스크바를 다스리고, 그 목

표는 러시아를 어두운 과거에서 꺼내 새로운, 어쩌면 민주적
인 미래로 이끄는 것이리라는 희망이 곳곳에서 움튼다.

제네바의 평화 이후

우크라이나: 혼돈의 땅

돈바스*에서 활동 중인 인권운동가들이 드문드문 바깥 세계로 전하는 소식은 결이 다르다. 격렬한 전투가 끝난 직후부터 점령 지역에서는 대대적인 난민 이동이 일어났다. 확인되지 않은 출처에 따르면 그 규모가 150만 명에 달한다고 한다. 하지만 새 대통령은 러시아화 정책을 흔들림 없이 추진 중이다. 러시아 주민들을 과거 우크라이나 행정구역으로 이주시키고, 러시아 통치의 정당성을 인정하지 않는 우크라이나 사람들은 재교육 수용소로 보낸다. 입양 열풍도 있다. 친부모가 우크라이나에 생존해 있는지 여부와 상관없이 러시아 부부가 우크라이나 어린이를 입양할 수 있다.

하지만 지속적인 잔혹 행위는 국제 여론의 관심을 받지 못한다. 적극적으로 활동하는 유럽 내 우크라이나 디아스포라 단체를 제외하면 사실상 아무도 신경 쓰지 않는다. 우려는 큰 전쟁이 끝났다는 안도감에 압도당한다. 희망과 더 밝은 미

---

* 도네츠크와 루한스크 지역을 포함한 러시아-우크라이나 접경 지역으로 2022년 침공 이후 사실상 러시아가 전역을 장악했다.

래에 대한 바람이 너무 강하다.

사실 전쟁이 끝났다는 건 정확한 표현이 아니다. 러시아에 합병된 지역과 '자유 우크라이나' 국경에서는 우크라이나와 러시아 군대가 며칠씩 소규모 전쟁을 벌이고, 그 과정에서 양측 전사자가 나오기 때문이다. 유엔 감시단은 이를 확인하고 뉴욕의 본부에 보고한다. 그러나 그게 끝이다.

전쟁 막바지 국면, 즉 우크라이나의 항복 전에 우크라이나 군대와 정보기관은 러시아로 합병된 지역에 일종의 빨치산을 잠입시키거나 결성했다. 활동을 위한 대규모 무기고도 지었다. 그들은 '자유 우크라이나 군대'를 자칭하며 점령 지역의 경찰서를 공격하고, 자살 폭탄 테러나 저격 등의 방법으로 그곳에서 행정 업무를 맡은 러시아 공무원들을 수차례 암살한다. 그들의 공격이 성공할 때마다 합병 지역을 담당한 러시아 군경과 정보기관들은 그곳에 아직 살고 있는 우크라이나 민간인을 향한 탄압의 수위를 높인다.

상대적으로 '자유 우크라이나'의 상황은 편안한 편이다. 드론, 순항 미사일, 활공 폭탄, 탄도 미사일 등이 동원된 공격은 더 이상 없다. 하지만 공격이 멈췄다고 상황이 저절로 나아지는 건 아니다. 드넓은 우크라이나 땅이 잿더미가 되었다. 셀수 없이 많은 마을과 소도시가 전쟁 중에 흔적도 없이 사라졌다. 전력 기반 시설이 심각하게 파괴되어 걸핏하면 전기와 수도가 끊긴다. 우크라이나는 국가 자체가 파산 상태다.

국제 지원기관을 통해 우크라이나 국내로 들어온 자금은 꼭 필요한 기반 시설을 복구하기에도 빠듯하다. 그러나 필요한 돈을 마련할 자구책이 없다. 경제 상황이 심각한 위기인데다가 실업률은 점점 올라만 간다. 전쟁 전에 해외로 피난 간 주민들이 거의 돌아오지 않을 뿐 아니라 젊은 고학력자들이 유럽연합으로 빠져나가면서 새로운 이민 물결이 일어나고 있다.

패배한 전쟁이 끝나자 우크라이나 내부에서는 오래된 갈등의 분열이 다시금 윤곽을 드러낸다. 올리가르히(Oligarch)와 군부가 정부를 공격하고, 대통령은 수도 키이우(Kyiv)의 시장과 충돌한다. 전쟁 중에는 뒷전으로 밀려났던 갈등이 새삼스레 불거지는 이유는 묵은 계산서를 처리할 시간이 되었기 때문이다.

우크라이나 사회는 부글부글 끓어오른다. 국가의 복지제도에 밥줄이 걸린 참전용사와 상이군인들은 매일같이 더 나은 재정과 의료 지원을 요구하는 시위를 벌인다. 노조와 특정 이해 집단도 정기적으로 데모를 하며 자기 권리를 큰 목소리로, 때로는 폭력을 동원해 주장한다.

우크라이나 내 사회적, 경제적, 정치적 긴장도가 높아진 덕분에 러시아 정보기관은 수월하게 정보원을 포섭할 수 있다. 우크라이나 정부 부처와 노동조합에 심은 정보원들은 정기적으로 러시아에 자료를 제공한다. 러시아 정보기관은 그들이 러시아와 함께, 아니 더 정확하게는 몇 달 전만 해도 자기 나라를 말살하려 했던 러시아를 위해 일한다는 사실을 잊어버리기에 충분한 금액을 지불한다. 그리고 나라 상황이 이렇게까지 망가졌는데, 누가 그들을 탓할 수 있을까?

참담한 경제 상황과 점점 심해지는 정치적 갈등과 사회적 격화는 예기치 않게 특정 정당을 부활로 이끈다. 이들은 모스크바와 친화하는 데서 경제 회복의 유일한 가능성을 찾는다. 러시아 정부와 이해관계를 공유하는 올리가르히와 러시아의 정보기관이 조직과 재정 면에서 전폭적인 지원을 아끼지 않는 가운데, 그들은 허위 정보 유포를 불사하는 선거전 끝에 의회 선거에서 다수를 차지하는 데 성공한다.

헌법상 폭넓은 권한을 지닌 젤렌스키 대통령은 이 위험한 방향 전환을 막고자 의회 해산을 시도하지만 우크라이나가 대통령 독재로 흘러갈까 봐 우려한 국제사회는 물론, 국민 다수의 지지도 얻지 못한 탓에 그의 시도는 수포로 돌아간다.

여당이 의회에서 과반수를 확보하는 데 실패하자 젤렌스키가 임명한 장관들은 더 이상 버티지 못하고 친러 정당들이 주도한 불신임 투표로 해임된다. 젤렌스키는 국가가 통치불능 상태에 빠지는 것을 막기 위해 울며 겨자 먹기로 조기 대선을 발표하고 결국 선거에서 패배한다. '제네바의 평화'는 러시아에 합병되지 않고 남은 우크라이나마저 혼돈에 빠뜨렸다.

방어력의

뚜렷한
한계

뚜렷한
한계

러시아를 저지해야 할까? 만약 저지해야 한다면, 나토의 능력으로 충분히 가능할까? 우크라이나에 아직 전쟁의 광풍이 휘몰아치던 와중에는 유럽 국가 사이에 자체적으로 국방을 강화해야 한다는 인식이 분명히 존재했다. 하지만 지금도 그 인식이 남아 있을까? 미국은 유럽 동맹국들에게 국방에 대한 투자 확대를 명시적으로 촉구했고, 유럽에 주둔 중인 미군의 규모를 축소해 아시아에 재배치할 계획이 있다는 것도 수차례 강조했다. 그럼에도 불구하고 유럽에서는 그와는 정반대 방향으로 논의가 흐르고 있다.

일각에서는 러시아와 우크라이나의 전쟁이 끝났고, 무엇보다 이 전쟁에서 러시아 지상군이 막대한 손실을 입었으므로 유럽의 방위 노력은 나토군의 지속적인 군비 확장보다는 우크라이나 지원에 집중되어야 한다고 주장한다.

또 다른 사람들은 유럽은 양대 부문의 전력 공백, 즉 공군력의 부족과 러시아 본토 중심까지 도달하지 못하는 재래식 순항 미사일의 짧은 사정거리 문제를 해소하기 위해 지난 몇 년에 걸쳐 노력을 기울여왔다고 주장한다. 그들은 최근 독일

비스바덴(Wiesbaden)의 다영역작전부대*에 장거리 초음속 미사일 다크 이글(Dark Eagle)이 배치되었으므로 충분하다고 말한다. 나토가 단시간 내에 러시아의 공항과 군부대, 물류와 통신 거점을 파괴할 수 있는 능력을 갖추었으므로, 러시아가 감히 나토 회원국을 상대로 전면 공격을 감행할 수 없을 것이란 예상이다. 그리고 프랑스와 폴란드, 이탈리아와 독일이 합의한 유럽 자체 무기 체계 개발 또한 순조롭게 진행 중이라고 말한다.

이런 주장을 하는 사람들은 더 강하고 그만큼 비용도 더 많이 드는 방위 정책을 추진해야 한다는 요구를 날카롭게 비판한다. 재래식 전력 면에서 나토가 러시아를 월등히 앞선다는 게 그 이유다. 그들은 신임 러시아 대통령에게 새롭고 온건한 정책을 책임감 있게 펼쳐낼 기회를 한 번쯤은 허락해야 한다고 주장한다. 서방이 군비 확장을 서두르면 러시아 내부 개

---

* Multi-Domain Task Force, 지상, 해상, 공중, 우주, 사이버 등 다양한 전장 영역을 통합적으로 운용하는 군사부대.

혁을 감행하려는 그의 노력을 쓸데없이 방해하게 된다는 것
이다.

군사력 강화를 밀어붙여서 결국 얻게 되는 것은 러시아
내 보수 세력의 입지를 강화하는 것뿐이다. 아무리 무모한 강
경파라도 그 정도는 안다. 유럽은 20세기 참혹한 전쟁들로부
터 한 가지 교훈을 얻었다. 수단과 방법을 가리지 말고 평화를
지켜야 하며, 오직 파괴를 낳을 뿐인 군사적 확전 논리에서 벗
어나야 한다는 것이다. 평화를 위해서라면 자기부정에 이를
정도로 타협하는 것도 흠이 아니다.

발트 3국과 몇몇 유럽 국가는 이러한 흐름을 염려스럽게
바라본다. 전쟁 중 형성되었던 합의, 즉 러시아를 당분간 유럽
대륙 최대의 안보 위협으로 본다는 인식에서 등을 돌리려는
기류가 나타나면서 나토 조약 제5조[*]에 따른 집단 방위의 신
뢰성이 약화될 수 있다는 우려가 나온다.

브뤼셀의 나토 군사전략본부 보고서들은 동맹이 여러 측

---

[*] 한 회원국에 대한 무력 공격은 모든 회원국에 대한 공격으로 간주한다.

면에서 나토 영토에 대한 러시아의 잠재적 공격에 신속하고 결정적으로 대응할 핵심 역량을 갖추지 못하고 있다고 지적한다. 하지만 대부분의 서유럽 정부는 이를 과장으로 치부한다. 국내에서 안정을 유지하는 일이 나토와 러시아 간 군사적 충돌에 대비해 동맹군에 막대한 비용을 들이는 것보다 더 중요하다고 보기 때문이다.

독일과 프랑스, 이탈리아, 영국 같은 나라들은 국방비를 대폭 증액할 결단을 내리지 못한 채, 탄약 조달과 군수 지원, 디지털 전쟁 수행 능력, 특히 통신 부문의 공백을 그대로 방치하고 있다.

전쟁 중 추가 병력을 신속하게 동원하는 나토군의 능력, 즉 전력 증강 능력에 의문이 제기되어 왔으나 이 역시 논외로 밀려난다. 러시아의 침략 전쟁 와중에는 군대에 더 많은 병사가 필요하다는 점과 군사적 충돌이 발생했을 때 병사들의 신속한 배치가 보장되어야 한다는 점에 모두가 동의했다. 그러나 격전이 완화되자 두 가지 모두 우선순위에서 밀려났다.

조만간 유럽 내 병력을 감축해 인도양과 대서양 강화에

집중하겠다는 미 행정부의 최종 공식 발표에도 불구하고, 나토 회원국 정부 및 국가수반 대부분은 자국 국방 정책의 실질적 변화를 위해 움직일 기미를 보이지 않는다.

따라서 러시아의 공격에 대비한 나토 영토 방어 대책을 상세히 규정한 2023년의 작전 계획이 제대로 실행될 수 있을지조차 불분명하다. 유럽 나토 총사령관이 다양한 지리적 구역을 담당할 구체적인 부대를 지정해 달라고 요청했지만, 너무 많은 회원국이 매우 더디게 응하고 있다. 그들은 유엔 감시단 명목으로 우크라이나에 주둔 중인 유럽 부대를 핑계로 삼으며, 이미 현장에서 러시아에 대한 방어를 행사 중이라고 주장한다. 나토 영토의 동쪽 끝, 즉 발트해 연안에서 러시아에 대응해 방어를 유지하는 것은 더 이상 중요하게 여겨지지도 않는다.

벨기에 브뤼셀의 나토 본부는 유럽 중앙 정치권의 냉담한 태도에 깊은 우려를 표한다. 많은 군사 전략가의 걱정대로 미국의 지원이 현저히 감소하거나 심지어 같은 시기에 인도양과 태평양에서도 충돌이 발생해 미군이 철수하게 될 경우,

러시아에 맞서 장기전을 버텨낼 수 있을 만큼 유럽의 병력 규모는 충분하지 않다. 일부 정치인들은 이러한 군사적 결핍을 얼버무린 채 역량을 부풀려 말하지만, 러시아는 그런 눈속임에 넘어가지 않는다.

독일 연방 총리는 2022년 올라프 숄츠 당시 총리가 "독일은 나토 영토의 마지막 1제곱미터까지 방어할 준비가 되어 있다"라고 약속한 말을 지키겠다고 거듭 확인한다. 그러나 이 말을 베를린 국방부에서 절망에 빠진 참모 장교들에게 전하면, 그들은 어깨를 으쓱하며 반문한다.

"무슨 수로?"

그사이에 러시아의 군수 생산은 여전히 활발하게 가동 중이다. 매년 러시아는 15만 명씩 병사를 신규 충원해 지상군을 재건하고 있다. 중국과 인도의 지원에 힘입어 러시아의 군수산업은 최첨단 기술 개발에도 속도를 내고 있으며, 특히 신형 호위함과 전투기 개발에서 가시적인 성과를 내고 있다. 만약 누군가 오브만치코프 신임 러시아 대통령에게 이러한 대대적인 군비 확장의 의도를 묻는다면, 그는 러시아가 다른 나라를 공격할 의도는 없다고 선을 그으면서도 자기방어를 위한 군대 재건은 허용되어야 한다는 원칙적인 입장을 내놓을 것이다.

유럽 전역의 국방 전략가들은 유럽의 군사 전력 공백이 너무 커서 러시아와 대규모 충돌이 발생할 경우 적지 않은 피해를 감수하지 않고서는 나토 영토를 방어하기 어려울 것이라고 우려한다. 동시에 이들은 나토의 약점이 공공연하게 드러났다는 사실 자체가 매우 위험하다고 지적한다. 이는 러시아의 입장에서 볼 때, 나토 회원국을 상대로 한 제한적 군사작전의 성공 가능성을 확신하도록 만드는 근거로 작용할 수 있기 때문이다.

하지만 이런 비판에 대해 정치적 책임자들은 대체로 공격적인 반응을 보인다. 동맹국과 회원국의 방어력 강화 작업은 차질 없이 진행 중이며, 더 나아가 러시아군이 재정비를 마치는 데는 4년에서 길게는 6년까지 걸릴 수도 있다는 것이 그들의 공식 입장이다. 그러나 정부 내에서조차 신임 러시아 대통령이 온건주의자가 아닐지 모르며, 장기적으로는 과거로 돌아갈 수도 있으니 지켜봐야 한다는 주장이 계속해서 나온다.

2022년과 2023년의 야심 찬 선언을 이행하려는 의지는 나토 회원국의 경제가 장기 침체에 빠지면서 갈수록 약화되고 있다. 어느 나라에서도 이 시점에 국방비 지출을 더 늘리고 사회복지와 연금 지출, 의료 지출을 삭감하겠다는 이야기를 국민 앞에서 꺼내지 못한다.

변함없이 위협 인식이 높은 곳은 중유럽, 동유럽 국가들과 발트 3국뿐이다. 그들은 신임 러시아 대통령의 이미지 정치에 현혹되지 않는다. 러시아에 합병된 우크라이나 영토에서 어떤 일이 벌어지는지도 잘 알고 있다. 과거의 실수를 되풀이하지 말아야 한다는 경고, 지금 우리는 2022년 이전처럼 두 눈을 뜨고 함정으로 걸어 들어가고 있다는 경고가 울려 퍼진다. 하지만 카산드라의 예언에는 아무도 귀 기울이지 않는다.

계획

국제사회는 불안과 흥미가 뒤섞인 시선으로 신임 러시아 대통령을 바라본다. 그가 동서 간 긴장 완화를 위해 내놓은 다양한 제안은 전문가 집단은 물론, 대중 사이에서도 활발히 논의된다. 하지만 오브만치코프가 수많은 연설과 인터뷰, 국빈 방문 등을 통해 새 시대의 희망을 설파하는 동안 러시아 내부에서는 그의 지시로 모인 소수의 남성들이 조용히 안보 전략을 조율 중이다.

이 소그룹은 전직 장군이자 오브만치코프의 측근인 대통령 행정실장, 우크라이나 전쟁 참전 경력자인 신임 러시아군 총참모장, 군사 정보총국 GRU의 국장과 연방보안국 FSB의 국장, 그리고 푸틴의 최측근이자 러시아 정부의 해외 비밀작전을 대행하는 민간 보안업체의 대표 이고르 팔라초프*로 구성되어 있다.

첫 회의에 참석한 대통령의 말에 따르면, 이들의 임무는 푸틴의 정책을 계승할 방안과 기회를 모색하는 것이다. 비록

---

*　　시나리오상 가상의 인물.

앞으로 최소 3년 동안 러시아 경제력으로는 전시 체제를 유지하기 어렵겠지만, 미국은 물론 중국과도 눈높이를 맞추려면 인근에서 영향력을 확대하는 노력이 절대적으로 필요하다고 강조한다.

대통령의 말을 경청하던 남자들은 중국과의 눈높이를 언급한 대목에서 매우 놀란다. 우크라이나 전쟁 후 러시아는 아시아의 강대국이 된 중국의 종속 파트너로 전락했기 때문이다. 서방의 제재로 러시아 경제에 심각한 손해가 발생하면서, 러시아는 중국으로부터의 수입에 의존하고 있으며, 서방 기업의 철수로 생긴 공백 또한 중국 기업이 메우고 있다.

러시아의 가스를 중국으로 이송하는 에너지 파이프라인 프로젝트인 '파워 오브 시베리아(Power of Siberia) 2'를 둘러싼 수년간의 협상이 최근 성공적으로 체결되긴 했지만, 중국이 책정한 가격이 관철되었고, 러시아는 분을 참아가며 낮은 가격으로 가스를 공급하는 처지다. 러시아가 중국의 싸구려 주유소라는 이야기가 러시아 전역에 돌고 있었다.

은밀히 소집된 엘리트 그룹에 맡겨진 임무는 나토와의

공개적 충돌로 이어지지 않을 정도의 군사전략을 개발하는 것이다.

"왜냐하면."

다음 모임에서는 총참모장이 불참한 대통령 대신 설명을 맡는다.

"우리 군대의 재건 작업은 차질 없이 진행되고 있으나, 재래식 전력 면에서는 여전히 나토에 뒤처지기 때문입니다. 이런 가운데 나토가 즉각적이고 단호하게 대응하는 상황을 만드는 것은 러시아에 위협이 되므로 그런 위험을 감수해서는 안 됩니다."

이에 GRU 국장이 의견을 내놓는다.

"제 눈에는 서방의 약점이 여러 군데 보입니다. 첫째, 전력 정비와 군비 확장 노력이 교착상태에 빠졌습니다. 또한 정치인과 일반인 모두 3년 동안이나 우크라이나를 지원한 후에 다시 나토 영토 일부를 지키기 위해 막대한 비용을 감수할 준비가 되어 있지 않습니다. 마지막으로, 군사적 충돌이 핵 긴장 고조로 이어질지도 모른다는 두려움이 아주 큽니다. 특히 독일에서 그렇습니다. 그나마 중유럽, 동유럽은 구(舊)유럽이나 미국과 비교했을 때 영토 수호의 의지가 강한 편이지만, 그들만으로는 소규모 나토 회원국의 영토를 장기간 방어하기 어렵다는 것이 우리의 판단입니다."

다음으로 팔라초프가 의견을 보탠다.

"서방이 자신들의 무능함을 확인하고, 그 결과 나토라는 동맹에 심각한 타격을 입힐 수 있다면 그것만으로도 우리가 얻을 정치적 결실은 충분합니다. 우리 작전이 그런 결과를 얻는다면, 친애하는 동지들이여, 나는 그걸 성공이라 부르고 싶습니다."

그들은 위험 부담이 큰 임무를 맡았다. 우크라이나 침공에서 저질렀던 실수를 반복해서는 안 된다. 당시 푸틴은 군사 작전을 개시하고자 하는 욕망을 충족시키고, 모든 것이 단시일 내에 끝날 것이라고 현혹하는 허위 보고서를 믿었다. 보고서는 대부분의 우크라이나인이 러시아의 침공을 해방으로 받아들일 것이고, 서방이 강경하게 대응하기에는 너무 약하고 분열되어 있다고 전했다.

회의 참석자들은 국경에 병력을 대규모로 집결시켰던 2021년 방식은 배제하기로 합의하고는 총참모장이 참석자들을 대표해 다음과 같이 요약한다.

"이제 우리는 대규모 군사훈련을 지시하고 발트해 접경지역에 병력을 배치한 뒤, 워싱턴에 정치적 요구를 하는 이전 방식을 사용할 수 없습니다. 러시아가 대규모 병력 이동을 하는 즉시, 미국과 나토는 2021년을 떠올리며 유사한 상황으로 판단하고, 그에 상응하는 정치적, 군사적, 경제적 대응을 취할 것입니다."

그가 설명을 계속한다.

"또한 우리가 다른 나라를 상대로 또다시 군사적 행동을 취한다고 해서 우리의 최우방국인 중국과 인도가 지원할 것이라 기대할 수도 없습니다. 특히 충돌 국면이 장기화된다면 더욱 현실성이 없습니다."

우크라이나 침공 중에도 인도는 러시아를 전폭적으로 지지하지는 않았다. 서방 국가들이 러시아산 석유에 부과한 금수조치로 인한 반사이익을 얻었기 때문이었다. 중국 역시 러시아가 신속하고 확실하게 자국에 유리한 방향으로 전쟁을 매듭짓지 못하자 막판에는 노골적으로 불만을 드러냈다.

"또 한 가지 고려해야 할 점이 있습니다."

FSB 국장이 덧붙인다.

"국내 여론입니다. 지난 몇 년간 우리는 체제 비판 세력을 빈틈없이 관리해 왔기 때문에 새로운 군사 작전에 심각한 반대가 있으리라 염려하지는 않습니다. 다만, 이번에는 이 작전이 조국의 안녕에 기여한다는 인식이 국민들 사이에 공유될 필요가 있습니다."

이어서 팔라초프가 토론을 정리한다.

"관건은 이처럼 열악한 조건에서도 러시아의 완패로 끝나지도, 제3차 세계대전으로 비화되지 않을 작전을 어떻게 설계하느냐 하는 것이겠군요."

그의 말에 회의장이 난감한 기류에 휩싸인다. 그때 대통령 행정실장이 군 복무 시절 기억을 토대로 모두가 깜짝 놀랄 만한 제안을 내놓는다.

"우리가 라인란트(Rhineland)의 재군비를 청사진으로 삼으면 안 될 이유가 있을까요?"

"라인란트 재군비라니요? 무슨 뜻인가요?"

팔라초프가 깜짝 놀라 묻는다. 전직 장군이었던 행정실장은 짧은 역사 강의를 하게 되어 반가운 듯 좌중을 둘러본다.

"라인란트는 1918년 베르사유 조약에 따라 비무장 지대로 지정되었습니다. 특히 프랑스는 독일군 주둔이 자국 안보을 위협할 것을 크게 우려했지요. 그런데 1936년 3월 7일, 독일 국방군 약 3만 명이 라인강 다리를 건너 라인란트에 진입합니다. 히틀러는 그해 2월에 체결된 프랑스-소련 군사원조 조약을 침략의 명분으로 내세웠죠. 당시 나치의 전략은 재군비에 저항이 있으면 즉각 후퇴하고 저항이 없으면 남는다는 것이었어요.

군대가 국경을 넘어 전진하는 동시에, 나치는 평화 수사를 병행했습니다. '국가사회주의 독일은 이웃 국가들을 향한 그 어떤 공격적 의도도 없다'라며 평화주의를 자처했는데, 놀랍게도 프랑스는 물론 영국까지 그 수사를 믿은 나머지 독일의 침략에 아무런 대응을 하지 않았습니다. 그렇게 독일 국방군은 라인란트에 남게 되었습니다.”

그가 설명을 계속한다.

“따라서 러시아 군사 작전의 목표는 러시아의 선제공격에 나토 국가들이 대응할 준비가 얼마나 되어 있는지를 시험해 보는 것입니다. 동시에 수사는 병행돼야 합니다. 러시아군의 전진이 제한된 지역에 국한되며, 그 외에 어떤 야심도 없다는 점을 명확히 밝히는 것이지요. 만약 우리의 예상과 달리 나토가 즉각 대응에 나선다면, 우리도 작전을 중단하고 체면을 지키며 점령지에서 신속히 철수하면 됩니다.”

그는 말을 이어간다.

“또한 우리는 기습의 순간을 활용해야 합니다. 러시아군이 100퍼센트 재건될 때까지 기다릴 수는 없습니다. 이는 나토 국가에 병력 공백을 메울 시간을 주기 때문입니다. 그럴 가능성은 낮지만, 우리의 조치에 나토가 단합된 대응을 보인다면 우리는 즉각 수세에 몰릴 것입니다. 기습과 동시에 개별 나토 국가들, 그중에서도 미국이 일시적으로라도 분쟁에서 주의를 돌리도록 상황을 만들어야 합니다.”

참석자 모두 그의 전략이 타당하다는 것을 인정한다. 그들은 이 기준에 따라 구체적인 전략을 만든 다음, 다시 모여 세부 사항을 확인하자는 데 합의하고 회의를 해산한다. 더불어 이 논의를 아는 인원은 극소수로 제한하고, 계획은 모든 조율이 끝나면 정리된 형태로 대통령에게 보고한다는 데 의견을 모은다. 대통령 행정실장은 이날 회의에 관해서는 개요만 보고하고, 세부 사항은 제외하겠다고 약속한다.

2028년
2월 2일

키달:
작전 개시

2월 초의 저녁은 여느 때보다 쌀쌀하다. 퇴근 후에도 남은 일을 처리하느라 바빴던 아나야는 늦은 귀갓길에 오른다. 그녀가 거주 중인 말리 북부 키달(Kidal)은 지난 몇 년간 많은 일을 겪었다. 먼저 이슬람 무장 세력인 지하드의 근거지가 되었다가 2024년 무렵에 정부군이 탈환해 현재는 말리 정부 통제 아래 있다. 그 와중에 전체 주민 2만 5,000명 중 3분의 1이 넘는 수가 남쪽으로 이주했다. 일부는 수도 바마코(Bamako)로, 일부는 인접한 알제리로 갔다. 알제리 경비대는 말리에서 온 이주민들을 난민 캠프에 수용했다.

아나야의 가족들은 키달에 남았다. 언젠가는 전쟁의 공포가 끝나리라는 희망을 품고 견디는 쪽을 택했다. 그리고 말리 정부군이 키달에 대한 통치권을 되찾은 후로 정세는 한결 잠잠해졌다. 외곽에서는 여전히 정부군과 지하드 간 교전이 산발적으로 벌어졌으나 알카에다 및 IS와 결탁한 세력이 민간인을 대상으로 일삼던 학살극은 옛일이 되었다. 시청 공무원인 아나야와 남편 압둘라예는 이런 상황을 고려해 세 아이들과 함께 키달에 남기로 결심했다. 많은 지인과 친척이 이주했으나 그녀 가족은 아니었다. 말리 정부군과 군복을 입은 러시아 남자들이 나란히 시내를 순찰하기 시작했을 때, 다른 주민들과 마찬가지로 그들도 깜짝 놀라긴 했지만 크게 염려하지는 않았다. 오히려 더욱 안전하게 살 수 있을 거라고 기대했을 따름이다.

하지만 이 쌀쌀한 저녁, 아나야의 삶뿐 아니라 많은 것이 송두리째 뒤바뀐다. 처음에는 도로 소음이 유난히 요란한 게 거슬릴 뿐이다. 평소에는 저녁 무렵 차가 많이 다니는 동네가 아니기 때문이다. 하지만 아나야는 낮에 해치우지 못한 집안일이 쌓여 있는 통에 바깥 소리에 크게 신경 쓰지 않는다. 돌연 밖에서 큰 비명이 들린다. 그제야 그녀는 남편에게 밖을 한 번 내다보라고 말한다.

압둘라예는 창밖에서 무언가를 보고 겁에 질린다. 대형 오픈 트럭 여러 대가 거리를 지나가고, 그 짐칸에는 무장한 말리 정부군과 군복으로 보아 러시아 용병으로 추정되는 병사들이 함께 타고 있다. 골목에 멈춘 차에서 군인들이 뛰어내려 가정집을 습격한다. 그들은 남녀노소를 가리지 않고 주민들을 밖으로 몰아낸 다음, 총구를 겨누고 트럭 짐칸에 올라타라고 고함을 지른다. 트럭은 초록색이고 군용 차량임이 분명하다. 병력은 길을 따라 집집마다 들이닥치고, 압둘라예가 오른쪽을 내다보니 옆 골목에서도 같은 일이 벌어지고 있다.

그가 아나야를 쳐다보며 다급하게 외친다.

"무슨 일인지는 모르겠지만 일단은 여기서 도망쳐야 할 것 같아. 당장!"

그녀는 믿을 수 없다는 표정으로 그를 바라본다.

"사람들을 집에서 끌어내고 있어. 당장 도망쳐야 해!"

하지만 아나야의 몸은 뻣뻣하게 굳어버린다. 그녀가 사는 도시는 이제 막 평온을 되찾았고, 최근에는 교전도 없었다. 이건 분명 꿈일 거야!

'대체 무슨 일이지?'

그녀의 머릿속에 질문이 쉴 새 없이 맴돈다. 정리되지 않은 생각들이 마구 스쳐 지나가는 사이, 압둘라예의 손이 그녀의 팔뚝을 꽉 움켜쥔다. 그는 그녀를 질질 끌고 3층 건물 계단을 내려간다. 하지만 현관문을 여는 순간, 두 사람은 작열하는 자동차 전조등과 정면으로 맞닥뜨린다. 현관 바로 앞에 트럭 한 대가 서 있다. 이글거리는 빛 너머로 그들을 겨눈 기관총의 윤곽이 어렴풋이 드러난다. 그 뒤로 사나운 고함 소리가 들린다.

사람들은 도축장으로 실려 가는 가축처럼 짐칸에 마구 실린다. 그런 채로 몇 시간을 달린 트럭이 마침내 멈춘다. 밖에서 소음이 들려온다. 말소리도 섞여 있지만 알아듣기는 어렵다. 아랍어 몇 마디, 전혀 낯선 외국어, 그리고 유럽어처럼 들리는 소리가 뒤엉킨다. 짐칸 안은 숨이 막힐 만큼 답답하다. 땀 냄새와 똥오줌 냄새가 진동한다.

아나야는 이미 시간 감각을 잃었다. 여덟 시간째인지, 열다섯 시간째인지조차 알 수 없다. 그녀는 사람들 사이에 끼인 채 졸다 깨길 반복한다. 그 와중에도 무슨 일이 일어날지 몰라 긴장을 풀지 못한다. 압둘라예가 줄곧 곁에 있지만, 위안도 의지도 되지 못한다. 그의 두려움이 너무도 선명하게 전해지고, 그의 불안이 아나야의 마음속으로 고스란히 스며든다.

트럭이 멈추자 아나야는 더욱 불안해진다. 자신과 남편

을 다른 사람 손에 넘기려는 것일까? 혹시 모리타니 노예 상인에게 파는 걸까? 그녀는 말리에서 사람들을 납치해 모리타니 노예로 팔아버린다는 얘기를 여러 번 들은 적이 있다. 혹은 이곳이 마지막 남은 IS의 노예시장일지도 모른다. 여자들을, 혹은 남자들까지도 지하드 테러리스트들에게 팔아치우려는 것일까?

영원처럼 느껴지던 기다림 끝에 불현듯 천막이 걷힌다. 손전등 불빛 때문에 트럭 앞에 서 있는 사람들이 누구인지 분간하기 어렵다. 아나야의 귀에는 "내려, 내려, 내려!", "가, 가, 가!" 하는 고함만 들릴 뿐이다. 트럭에서 내린 후에야 눈이 서서히 어두움에 적응한다. 그리고 자기가 사막 한복판에 내린 걸 깨닫는다.

다른 트럭에서 뛰어내리는 사람들이 수백 명 정도 되어 보인다. 몇몇은 군복을 입고 나머지는 민간인 차림인 남자들이 총을 겨누어 사람들을 한데 몰아넣는다. 그녀는 대충 300명에서 400명 정도가 모였다고 짐작한다. 그러나 왜 이런 일을 하는지는 알 길이 없다. 노예가 될지도 모른다는 두려움을 넘어

총살의 공포가 그녀를 엄습한다.

군복을 입은 뚱뚱한 남자가 사람들 앞에 선다. 외모로 보아 아프리카인도, 아랍인도 아니다. 그 곁에 아프리카 출신으로 보이는 깡마른 남자가 선다. 민간인 통역인 듯하다. 뚱뚱한 남자가 말한다.

"우리는 너희를 해안으로 데려갈 것이다. 거기서 너희는 보트를 타고 유럽으로 간다. 저항하는 자는 즉시 그 대가를 치르게 될 것이다."

말을 마친 뚱뚱한 남자는 자기 뒤에 서 있는 무장 군인들을 돌아보며 어떤 지시를 내린다. 군인들은 즉시 모여 있는 사람들에게로 다가가 사납게 소리를 지르며 움직이라고 명령한다. 행군은 길지 않다. 하루 조금 넘게 걷자 바다의 짠 내가 코를 스친다. 그녀가 다다른 곳은 항구가 아니라 평범한 해변이다. 그녀는 좁다란 나무배에 탄다. 외해에서 더 큰 선박으로 옮겨 타게 될 것이다. 아랍계 선장이 모는 배 여러 채가 닻을 내린 채 바다에서 대기 중이다. 선박에 올라탄 아나야는 가족, 그리고 다른 피랍자들과 함께 선체 아래에 갇힌다. 아래층을 가득 채우고도 자리가 모자라 나머지 몇몇은 상부 갑판에 남는다. 그들을 태운 배는 미래를 알 수 없는 먼 바다로 나아간다.

2028년
2월 5일

브뤼셀:
미끼를
물다

지중해 이남에서 유럽으로 밀려드는 난민의 물결은 오래 지나지 않아 세간의 주목을 끈다. 몰타 혹은 카나리아 제도에 도착하는 난민의 수가 일일 최대 500명 정도다. 람페두사(Lampedusa)섬*은 이탈리아 해군과 경찰에 의해 철통방어되고 있으므로 이번 난민들은 우회로를 택했다.

동시에 여러 통신사에서 러시아와 벨라루스 대사관에서 시리아인, 아프가니스탄인, 이라크인, 수단인에게 대규모로 비자를 발급할 뿐 아니라 비교적 저렴한 비용으로 모스크바나 민스크로 가는 비행기표를 구할 수 있도록 알선한다는 보도를 내놓는다. 이는 벨라루스가 난민 수천 명을 폴란드로 밀어 넣으려고 시도한 2020년의 기억을 소환한다.

EU 외무장관 이사회는 즉각 행동에 나서야 한다는 압박감을 느낀다. 2028년 2월 5일 긴급회의에서 이사회는 신속하게 기동군대를 파견하고 유럽 국경 경비대인 프론텍스

---

*　아프리카 본토에서 130km밖에 떨어지지 않은 람페두사섬은 2010년 대 시리아 내전, 리비아 붕괴 당시 난민들의 핵심 도착지였다.

(FRONTEX)의 활동을 강화하기로 결정한다. 지중해상 불법 이민을 통제하기 위해 프랑스, 이탈리아, 스페인은 물론 독일도 지중해 해상군(MEDMARFOR)에 프리깃함[*] 두 척을 제공하기로 약속한다.

하지만 독일 국방부에서는 프리깃함을 지중해로 파견하면 발트해 방어가 위태로울 수 있다는 반론이 제기된다. 독일 해군은 프리깃함 없이 나토 방어 계획상의 임무를 충분히 이행할 수 없다. 하지만 정치권은 이들의 경고를 묵살한다. 정부가 우크라이나 난민을 체계적으로 송환한 덕분에 최근 들어 독일 내 난민 규모가 현저하게 줄었다. 시리아에서 아사드 정권이 붕괴되고 이슬람주의 성향이긴 하지만 최소한의 인권을 존중하는 새 정부가 수립되자 시리아 난민들도 꾸준히 송환되고 있다. 이 마당에 난민 수를 다시 치솟게 할 위험을 감수할 사람은 없다. 그건 독일 내 극우와 좌파 포퓰리스트 세력만

[*] 레이더, 헬기, 미사일, 포 등을 갖춘 중대형 군함으로 프리깃함의 투입은 군사적 격상을 의미한다.

강화시키는 길이다. 그러므로 독일 정치인들은 정치적으로나 외교적으로나 이번 임무에 동참하는 것 외에 다른 선택지는 없다고 주장한다.

2028년
2월 28일

남중국해:
동맹의
조력

2028년 2월 말이 되자 중국과 필리핀 사이에는 긴장감이 최고조에 달한다. 양국은 남중국해상 암초 지대를 두고 분쟁 중이다. 이 일대에는 석유, 가스, 그리고 희토류가 상당량 매장되어 있을 것으로 추정된다. 필리핀이 태풍 때문에 임시 주둔 병력을 일시적으로 철수한 사이에 중국은 기다렸다는 듯이 재래식 병력을 파견하고 주변 해역을 감시할 자동 수중 시스템을 설치한다. 미국 국가안보국(NSA)이 필리핀 측에 제공한 위성사진에는 중국이 군인 열두 명과 건설 작업자들을 암초로 이동시켜 레이더 시스템을 설치 중인 모습도 포착된다.

중국의 조치에 대한 대응으로 필리핀은 자국의 영유권을 강조하고 해역 통제권을 되찾기 위해 해안경비대를 순찰정에 태워 암초 지대로 파견한다. 하지만 중국이 한발 앞서 암초 주변에 해상 배제 구역을 설정해 접근을 차단한다.

분쟁 지역을 장악한 중국은 소셜 미디어를 통해 공격적인 선전 활동을 병행한다. 일단 중국의 공식 채널에서는 이 지역은 역사적으로 중국 영토이며, 해상 배제 구역 설정은 필리핀이 해당 지역에 대해 오랫동안 자행해 온 불법적 영향력 행사에 대응하는 불가피한 조치라고 주장한다. 곧이어 수천 개의 허위 계정이 이 주장을 지지한다. 필리핀 외교부가 마땅한 대응책을 내놓지 못하는 와중에 중국의 공세적인 캠페인은 다른 남아시아 국가들 사이에서 호응을 얻는다. 며칠간은 필리핀을 지지하는 여론이 우세했지만 시간이 흐를수록 중국의 조치에 공감하는 쪽으로 여론이 움직인다.

필리핀은 다급하게 가장 중요한 동맹국인 미국에 군사적 지원과 외교적 지지를 요청한다. 사실 백악관은 남중국해의 암초 하나를 두고 중국과 군사적으로 맞설 위험을 감수할 의향은 없다. 그럼에도 양자 협정에 따른 의무 때문에 어떤 형태로든 반응해야 한다는 압박을 느낀다. 또한 워싱턴은 중국의 이번 도발이 성공할 경우 둑이 무너지듯 연쇄적으로 위험이 발생할 것을 우려한다.

미국 대통령이 주재한 국가 안보 보좌관 회의에서는 중국의 점령에 대해 처음부터 강경 대응해야 한다는 입장과 신중한 접근을 주장하는 의견이 정면으로 맞선다. 결국은 항공모함 전단인 USS 조지 워싱턴을 국제 수역으로 파견하고, 주

베이징 미국 대사를 통해 중국 정부에 항의하는 선에서 대응책을 정리한다.

이 회의에서는 중국의 물류와 통신을 교란하기 위한 공격적인 사이버 작전과 수중 활동을 감시하기 위한 수중 드론 투입이 추가로 논의된다. 그러나 적극적인 대응은 중국에 상황 악화의 빌미를 제공할 수 있고, 그 여파로 대만이 위험해질 수 있다는 우려가 뒤따른다. 국가안보회의(NSC) 내 신중론자들은 섣부른 대응은 상황을 통제 불가한 상태로 격화시킬 수 있다고 경고한다. 중국이 세계 제3위의 핵보유국이라는 점을 감안하면, 그들은 사태를 위험 수준까지 끌어올리는 것은 적절하지 않다고 판단한다.

백악관에서 적당한 전략을 모색하는 동안 남중국해의 상황은 격화일로로 치닫는다. 필리핀 해군이 해양 영유권을 집행하려는 과정에서 해안경비대의 순찰정 한 척이 중국 선박으로부터 고압 물대포 사격을 당해 조종 불능 상태가 된다. 중국이 며칠 전에 선포한 해상 배제 구역으로 들어갔던 또 다른 순찰정은 중국 해안 경비정과 충돌하여 침몰한다. 다만, 배에

탄 필리핀 선원과 군인들은 전원 구조된다.

그사이 소셜 미디어에서는 양국 키보드 전사들이 격렬한 여론전을 벌이며 민족주의 감정이 들끓는다. 특히 필리핀 국방 장관이 중국 측에 필리핀 선박 침몰에 대한 대대적인 보복을 경고하는 딥페이크 영상이 공개되면서 양국 여론은 극도로 격앙된다.

지역 협의체 아세안(ASEAN)은 필리핀의 요청으로 긴급 회의를 소집해 갈등 중재를 시도하지만, 끝내 명확한 입장을 도출하지 못하며 무력함만 드러낸다. 캄보디아, 라오스 등 중국의 영향력 아래 있는 국가들은 감히 중국에 맞설 엄두를 내지 못하고, 말레이시아, 미얀마 등 다른 동남아시아 국가마저도 분쟁 개입에 주저한다.

외교적 해결을 촉구하는 필리핀의 호소는 끝내 답 없는 메아리에 그친다. 오히려 중국은 압박의 수위를 한 단계 더 올린다. 미국을 분쟁에서 배제하려는 시도의 일환으로 중국은 암초 위에 군사기지를 설치하는 작업에 박차를 가하는 한편, 군사훈련을 구실로 핵잠수함 두 척을 대만 해협 인근에 전개한다.

긴장 고조에 미국은 이중 전략을 취한다. 미국이 유엔 주재 자국 대사를 통해 중국 공산당 및 국가 지도부와 비밀 대화 채널을 구축했지만 필리핀 정부는 그 사실조차 통보받지 못한다. 동시에 두 번째 항공모함 전단을 국제 수역에 파견한다. 물론 백악관의 공식 입장은 중국의 격화된 공격에 그 어떤 옵션도 배제하지 않겠다는 것이다. 그러나 중국은 필리핀을 빼고 양자 간 비밀 회담으로 분쟁을 해결하려는 미국의 시도를 의지박약의 신호로 해석한다. 중국 수뇌부는 미국이 암초 하나 때문에 전쟁을 택할 의향이 없는 것으로 판단한다.

러시아는 남중국해 위기에 환호한다. 물론 러시아가 동맹국 중국에 나토의 동쪽 자락에서 주의를 분산시켜 달라고 요청한 것은 사실이다. 하지만 중국이 대만 해협을 구실로 삼아 자기 욕심을 채울 줄은 몰랐다. 하물며 핵잠수함 파견은 모두의 상상을 뛰어넘는 일이다.

2028년
3월 26일

시애틀:
소식

2028년 3월 26일 현지 시각 18시(중앙유럽표준시각[*] 3월 27일 3시), 시애틀의 한 컨벤션 호텔에서 전미 전기공급자 연례 회의에 참석 중이던 미국 대통령에게 비서관이 다가와 비화폰을 건넨다.

"대통령님, CIA 국장입니다."

대통령은 즉시 회의실 한쪽 구석으로 물러난다. 수행 보좌진이 통화를 가리듯 그의 주위를 에워싼다.

"얼마나 급한 일이기에 이 회선으로 전화하셨소?"

그가 묻는다.

"대통령님, 위성사진과 영상을 통해 소규모 러시아 부대가 나르바를 향해 육로로 이동하는 정황을 확인했습니다. 고속정 몇 척도 하천을 건넜습니다. 또한 발트해 함대의 무선 교신을 도청해 중간 규모의 군사 작전이 조만간 개시된다는 정보를 입수했습니다. 다만, 우리 분석가들은 그 목표가 무엇이며 어느 방향에서 전개될지에 관해서는 확실한 판단을 내리

* 베를린, 파리, 로마, 마드리드 등 유럽 주요 도시들의 공식 표준시.

지 못하고 있습니다."

"국방 장관과 국무 장관에게 보고된 사항이오?"

"아닙니다."

CIA 국장이 답한다.

"즉시 그 둘에게 알리시오."

대통령이 짧게 지시한다. 전화를 끊은 그가 참모 한 명을 돌아보며 말한다.

"독일 연방 총리, 영국 총리, 프랑스 대통령, 그리고 나토 사무총장과 통화해야겠네. 즉시 보안 회선을 연결하게. 그전에 국무 장관, 국방 장관, 합동참모본부 의장, 국가 안보 보좌관, CIA 국장을 소집해 화상 회의를 하겠네."

대통령이 최측근 안보팀과 회의를 시작하기까지는 시간이 걸린다. 일단 참석자 전원이 보안 공간으로 이동해야 하는데, 칠레를 국빈 방문 중인 국무 장관의 상황이 여의치 않다. CIA가 신뢰할 수 있는 유일한 보안 공간은 칠레의 수도 산티아고에 있는 미국 대사관뿐이다.

대통령은 CIA가 파악해 다른 모든 참석자에게 전달한 소식을 재차 확인하며 회의를 시작한다. 그리고 참석자들에게 현 상황에 대한 평가를 묻는다. 제일 먼저 국가 안보 보좌관이 발언권을 얻는다. 그는 헛기침으로 목을 가다듬고 발언을 시작한다.

"현재로서는 러시아가 나토 회원국에 대한 제한적 공격에 나섰을 가능성이 매우 높습니다. 지금 당장은 전면 침공을 암시하는 대규모 병력 집결의 징후는 없습니다. 하지만….'

그가 덧붙여 말한다.

"러시아가 어떤 기습작전을 숨기고 있는지 알 수 없습니다. 그런 점에서 향후 몇 시간이 결정적이라고 봅니다."

"우리가 가진 옵션은 무엇이오?"

대통령이 국방 장관에게 묻는다.

"현재 에스토니아에 주둔 중인 미군 병력이 700명으로 탈환 작전에 배치할 수 있을 것으로 보입니다. 여기에 나토군 1,700명을 더하면 러시아군을 충분히 저지할 것으로 판단됩니다. 다만 이는 러시아가 대규모 증원을 하지 않고, 공군이나 미사일 전력을 투입하지 않는다는 전제하에서 이루어진 판단입니다.”

“대통령님, 만약 우리가 그렇게 하면.”

합동참모본부 의장이 발언권을 청하지 않고 곧장 대화에 끼어든다.

“나토와 러시아가 직접적인 군사 대치에 들어가게 됩니다. 그 경우 우리가 러시아 부대의 추가 집결을 저지하기 위해 순항 미사일로 러시아 내 목표물을 직접 타격해야 할 가능성도 배제할 수 없습니다. 반대로 러시아가 탄도 미사일로 유럽 내 목표물을 공격할 수도 있습니다.”

“그 말은 우리가 러시아와 전쟁을 하게 된다는 뜻이오?”

대통령이 되묻는다.

“지금 우리는 제3차 세계대전을 논의하는 중이군.”

“그렇습니다.”

미군 최고 지휘관이 화면 속 참석자들을 향해 고개를 끄덕인다.

“그렇다고 아무 조치도 취하지 않는다면 우리가 패배자로 보일 것입니다.”

국무 장관이 발언한다.

"유럽뿐 아니라 아시아 전역의 동맹 앞에서 위대한 미국의 위상은 꺾이고, '체제 수정주의자들의 축'은 강화되겠지요."

국무 장관은 최근 들어 러시아, 중국, 북한, 이란 등을 언급할 때마다 반복적으로 '체제 수정주의자들의 축'이라는 표현을 사용한다. 그 표현 안에는 미국 주도의 국제 질서를 흔들려는 세력이라는 비난이 담겨 있다.

"직접적인 군사 대응을 제외한 옵션은 무엇이 있소?"

대통령이 추궁하듯 화상 회의장을 둘러본다.

"별로 없습니다."

국가 안보 보좌관이 답한다.

"그래도 뭐가 있는지 알고 싶다면?"

대통령이 되묻는 말에는 짜증이 선명하게 묻어난다.

"아, 네."

국가 안보 보좌관이 깜짝 놀라 답한다.

"발트해에 제2함대를 배치하고 군의 경보 준비 태세를 격상함으로써 우리가 모든 상황에 대비하고 있다는 신호를 러시아에 보낼 수 있습니다.”

그 말이 끝나기가 무섭게 CIA 국장이 의견을 덧붙인다.

“하지만 러시아가 우리의 대비를 전면 공격 태세로 이해하지 않도록 소통해야 합니다. 이런 상황에서 오판보다 더 위험한 것은 없습니다.”

“내가 오브만치코프에게 전화를 걸어야 한다는 뜻이오? 아직 그 사람을 개인적으로 알지 못하는데.”

대통령이 당황스럽다는 듯 좌중을 돌아보며 묻는다.

“아닙니다. 직접 하실 필요는 없습니다. 적어도 지금은요.”

국가 안보 보좌관이 답한다.

“일단은 저희가 다른 채널을 통해 소통을 시도하겠습니다. 다만 그게 실패할 경우에는 대통령께서 직접 전화해 대화를 나누셔야 합니다.”

대통령은 논의된 사항을 검토하라고 군에 지시하면서 구체적인 실행 전에 우선 소통 채널을 활용해 모스크바가 받을 충격을 “완화하라”고 명령한 뒤 회의를 종료한다.

다음 회의는 두 시간 후다. 회의에는 주요 나토 동맹국의 정상들과 나토 사무총장이 참석할 예정이다. 대통령이 그들에게 전달할 메시지는 이미 정해졌다.

"에스토니아의 작은 도시 하나 때문에 제3차 세계대전을 무릅쓸 수는 없다. 하지만 러시아 병력을 철수시키기 위해 군사적 압박을 가할 의향은 있다."

중앙유럽
표준시각

**2028년
3월 27일
4시 20분**

**베를린:
공격**

러시아의 공격 소식은 베를린 전역에 산불처럼 번진다. 이른 아침부터 TV 채널은 특별 방송을 편성해 이 소식을 중점적으로 전한다. 전날 저녁 도이치뱅크가 주최한 대규모 회의에서 기조연설을 마친 독일 연방 총리는 프랑크푸르트의 한 호텔에 투숙 중이다.

새벽 4시 20분, 총리 비서실장이 그를 단잠에서 깨우며 러시아의 공격 소식을 전한다. 잠시 후 그는 공군 헬리콥터가 대기 중인 프랑크푸르트 경찰청으로 이동한다. 베를린으로 향하는 두 시간 동안 상황을 파악하려 애쓰지만, 급히 마련된 보고서에는 새로운 정보가 거의 담기지 않았다. 전날 저녁 금융정책 관련 행사 참석으로 현재 총리 곁에는 일정 담당자, 연방정부 대변인, 재정정책 자문 팀장뿐이다. 즉, 안보 정책 전반에 관한 종합 의견을 듣기 위해서는 베를린에 도착할 때까지 기다려야만 한다.

오전 7시 19분, 헬리콥터가 연방총리실 건물 옥상에 착륙하자 총리 비서실장, 국가 안보 보좌관, 연방군 최고 지휘관이 그를 맞이한다. 집무실이 있는 7층으로 이동하는 몇 미터 동안, 세 사람은 총리에게 상황의 개요를 간략하게 전달하려 애쓴다. 그중 가장 중요한 사항은 한 시간 후 미국 대통령과 프랑스 대통령, 영국 총리, 나토 사무총장이 참여하는 화상 회의가 예정돼 있다는 사실이다.

독일 연방 총리가 집무실에서 최측근과 함께 상황을 논의하는 동안, 베를린에서 600킬로미터 떨어진 곳에서는 독일 최대 군수 기업 루르아이젠* CEO가 장갑 리무진을 타고 공항으로 이동 중이다. 공항에는 그를 베를린으로 데려다줄 기업 전용기가 대기하고 있다. 국방부 장비 국장은 독일 방위 산업계 주요 인사들에게 연락해 만사를 제쳐두고 최대한 빨리 베를린으로 와 이른 아침으로 예정된 회의에 참석해 줄 것을 요청했다. 그는 지금 시점에서 중요한 것은 독일 경제를 장기적으로 전시 생산 체제로 전환하는 문제임을 정확히 꿰뚫어 보았다. 국방부 장비 국장이 대면 회의를 고집한 것은 화상이나 전화 회의는 해외 정보기관이 도청할 것을 우려해서다.

* 　가상의 기업.

장갑차와 전차를 생산하는 선도적인 군수 기업 루르아이젠 CEO는 국방부의 요청을 받은 즉시 공항으로 출발했다. 리무진에서 내려 기업 전용기인 걸프스트림 G650에 탑승한 그는 재킷을 벗으며 승무원에게 커피를 부탁한다. 그리고 가죽 가방에서 베를린으로 가는 짧은 비행 동안 훑어볼 서류 뭉치를 꺼낸다.

자기 앞에 놓인 서류에 몰두한 CEO는 조종사가 엔진에 시동을 걸고 잠시 기다린 다음 비행기를 활주로로 몰아가는 것을 깨닫지 못한다. 어느새 걸프스트림은 가속도를 붙여 활주로를 달리고, 조종사는 승강타를 조작해 기수를 들어 올린다. 객실 사무장이 가져온 커피를 서류 왼쪽에 내려놓고 나서야 CEO는 고개를 돌려 타원형 창문 너머 하늘을 내다본다. 하지만 강렬하게 내리쬐는 햇빛 때문에 두 눈을 질끈 감아야 했고, 그래서 그는 엄청난 속도로 기체에 접근하는 길쭉한 물체를 보지 못한다.

그 물체는 다름 아닌 스팅어 미사일로 상승 중인 항공기 엔진을 적중한다. 불과 몇 초 만에 걸프스트림은 조종 불능 상태에 빠진다. 기체는 마치 보이지 않는 손에 붙들린 것처럼 더디게 상승하더니 순간적으로 공중에 가만히 떠 있는 것처럼 보인다. 그리고 곧 높은 곳에서 떨어진 돌처럼 바닥으로 곤두박질치며 산산이 부서지고, 마침내 화염에 휩싸인다.

독일 연방 총리는 정보기관 수장들과 회의 중에 항공기 추락 소식을 듣는다. 공격의 배후는 알려진 바가 전혀 없지만, 회의실 안 사람들 머릿속에는 같은 인물이 떠오른다. 크렘린의 그 남자.

총리는 CEO와 개인적으로도 가까운 사이였다. 20년이 넘은 친구다. 하지만 총리에게는 애도할 시간이 없다. 정계에서 친구라 부를 만한 인물을 잃었지만, 그런 감정을 챙길 여유가 없다. 유가족에게 전화를 거는 일마저도 가능하다면 저녁으로 미뤄야 한다. 이 순간 독일 연방 총리에게 맡겨진 가장 중요한 임무는 러시아의 공격에 대한 대응책을 강구하는 것이다.

중앙유럽
표준시각

2028년
3월 27일
8시 30분

화상 회의장:
조율

독일 연방 총리는 화상 회의장에 조금 늦게 입장한다. 먼저 와 있던 미국 대통령과 프랑스 대통령, 나토 사무총장이 그를 맞이한다. 무슨 이유에서인지 영국 총리는 아직 모습을 드러내지 않는다. 미국 대통령이 영국 총리 없이 회의를 시작한다. 시간을 허비할 여유 따위는 없다.

"여러분도 아시다시피, 러시아군이 오늘 아침 에스토니아의 도시 나르바와 에스토니아 앞바다의 섬 히우마를 점령했습니다. 우리 기관 보고에 따르면 러시아 본토에서도 발트 연안국 국경을 향해 병력이 이동 중입니다. 또한 우리는 상트페테르부르크와 칼리닌그라드의 항구에서 러시아 해군 활동이 증가한 정황도 포착했습니다. 이 상황에 대한 대응책을 논의하기 위해 오늘 회의를 소집했습니다."

몇 초 동안 침묵이 흐른 뒤 프랑스 대통령이 입을 연다.

"상황이 매우 불분명하군요. 혹시 러시아의 목표가 무엇인지 확인되었습니까?"

"아니요, 그 부분에 대해서는 우리 정보기관도 아직 정보가 없습니다."

미국 대통령이 답한다.

"현재로서는 러시아 병력 이동이 다른 공격을 예고하는 것처럼 보이지는 않습니다. 다만, 러시아가 발트 3국 앞바다에 해상 봉쇄를 구축할 가능성은 배제할 수 없습니다. 그 이후 전개 가능성에 관해서는 나토 사무총장이 설명해 줄 수 있을 것 같습니다."

"물론입니다."

나토 사무총장이 말을 받는다. 브뤼셀의 널찍한 집무실에 앉은 그의 곁에는 나토 군사위원회 위원장이 배석해 있다.

"러시아가 향후 24시간 내 발트 3국 앞바다에 해상 봉쇄를 구축할 경우, 우리의 티어 1 부대가 발트 3국에 도착하는 데까지 열흘 이상이 소요됩니다."

"나토에서 티어 1 부대란, 열흘 안에 발트 3국 지정 지역에 투입돼 사실상 첫 방어선을 형성해야 하는 약 10만 명 규모의 최우선 전개 부대를 말합니다."

미국 국가 안보 보좌관이 대통령의 귀에 대고 속삭인다.

"내가 그것도 모를 거라고 생각하오?"

대통령이 발끈한다. 사무총장의 설명이 이어진다. '

"이 부대가 바다를 통해 발트 3국으로 투입되지 못한다는 뜻입니다. 남은 선택지는 수바우키 회랑(Suwałki Gap)뿐이지만, 그곳은 러시아의 공격 위험이 상존합니다. 칼리닌그라드는 물론 벨라루스 쪽에서도 공격받을 수 있습니다."

"수바우키 회랑은 칼리닌그라드와 벨라루스 사이 좁은 육상 통로로, 우리 부대가 폴란드에서 리투아니아로 이동할 수 있는 유일한…."

국가 안보 보좌관은 미국 대통령의 성난 눈빛을 읽고 말끝을 흐린다.

"이것이 우리에게 의미하는 바는…."

사무총장이 말을 맺기 전에 드디어 영국 총리가 화면에 나타난다.

"여러분, 늦어서 죄송합니다."

그는 다소 숨이 찬 목소리로 말한다.

"클라이드만에 있는 우리 해군기지에서 여러 차례 폭발이 발생했습니다. 사망자는 없습니다만, 기반 시설에 큰 피해를 입었습니다. 모두 아시겠지만, 클라이드만에는 핵 추진 잠수함이 배치되어 있습니다. 그래서 저는 이 사건을 수습하는 국가적 임무가 우선이라고 판단했습니다.”

“범인에 관해 우리와 공유할 수 있는 정보가 있습니까?”

독일 연방 총리가 묻는다.

“전혀 없습니다.”

영국 총리가 답한다.

“하지만 우리 정보기관은 사보타주 가능성을 의심하고 있습니다.”

“그야말로 하이브리드 전쟁 국면이로군요.”

독일 연방 총리가 상황을 한마디로 정리한다.

“우리 국가와 사회를 향한 공격은 이미 오래전부터 있어 왔지만, 이제는 그 양상이 한층 과격해졌습니다. 불과 몇 분 전 독일에서는 핵심 군수 기업의 CEO가 모종의 공격으로 사망했습니다. 우리 역시 아직은 주모자에 관해 아는 바가 없습니다. 그래서 범인을 단정하기는 이릅니다만, 나는 그 공격의 배후에 러시아나 친러시아 국가가 있을 가능성이 있다고 봅니다. 이는 결코 경솔한 추측이 아닙니다."

"그래도 일단은 사무총장의 설명을 마저 들어봅시다."

미국 대통령이 주의를 환기한다.

"물론입니다."

사무총장이 말을 잇는다.

"러시아가 해상 봉쇄를 구축할 경우, 선택지는 두 가지뿐입니다. 병사들을 극심한 위험에 노출시키면서 수바우키 회랑을 통과시키거나, 해상 봉쇄를 돌파하는 것입니다. 후자의 경우는 곧 전면전을 의미합니다."

"러시아의 목표가 무엇일까요?"

프랑스 대통령이 참석자들을 향해 묻는다.

"나토와 전쟁을 하자는 것은 아니겠지요? 에스토니아 내 자국민을 보호하려는 거겠죠? 그동안 에스토니아가 러시아인들의 권리를 철저하게 보장했다고는 볼 수 없으니까요."

"러시아의 목표가 무엇이든 간에 핵심은 나토의 영토를 침범했다는 겁니다."

독일 연방 총리가 반박한다.

“그런 도발 행위에 우리가 무대응으로 일관할 수는 없습니다. 내 생각에는….”

“나는 우리 군에 즉각 대응 시나리오를 마련하라고 지시했습니다.”

미국 대통령이 독일 연방 총리의 말을 가로막으며 먼저 말한다.

“물론 여러분과의 조율을 거친 후에 말이죠.”

덧붙인 말에 프랑스 대통령이 독일 연방 총리를 바라보며 비아냥 섞인 미소를 짓는다.

“그 시나리오를 러시아 측에 분명하게 전달할 것입니다.”

“하지만 에스토니아는 나토 조약 제5조에 의거해 회의 소집을 요구할 것입니다.”

미국 대통령이 계속 말한다.

“그것까지 우리가 거부할 수는 없습니다. 그러므로 가능하다면 회의 소집 전에 우리끼리 입장을 조율해야 합니다. 나는 이 자리에서 분명히 밝힙니다. 에스토니아의 작은 도시 하나 때문에 제3차 세계대전을 감수할 의향은 없습니다. 오브만치코프가 그보다 더 많은 영토를 점령하려 한다는 확실한 증거가 없는 한, 나와 미국은 나토 조약 제5조의 발동에 동의하지 않습니다.”

미국 대통령이 토론을 마무리 지으며 말한다.

“마지막으로 제안합니다. 미국 국무 장관과 국방 장관, 그리고 국가 안보 보좌관이 계속 대화하면서 추가 조율을 하도록 합시다. 단, 신속하게 해야 합니다.”

이로써 회의는 끝난다. 참석자 전원이 화상 회의장을 떠나자, 독일 연방 총리가 국가 안보 보좌관을 돌아보며 말한다.

“나토가 대응하지 않으면 러시아가 이긴 거야. 다들 알고 계시길.”

중앙유럽
표준시각

**2028년
3월 27일
9시**

**<u>모스크바</u>:
목표**

오전 무렵 오브만치코프 대통령이 크렘린에서 최측근들과 회동한다. 대체로 진중한 분위기이나 팽팽한 긴장감은 없다. 참석자 모두 기습이 성공했다는 것을 알지만, 며칠 안에 이 쿠데타가 어떤 결과를 불러올지는 가늠하지 못한다.

오브만치코프는 참석자들을 칭찬하는 것으로 회의를 시작한다.

"신사 여러분, 나는 이 자리를 통해 여러분을 크게 칭찬하려 합니다."

그가 고개를 돌려 행정실장을 바라보며 말을 잇는다.

"물론 처음에는 그 계획이 다소 의심스럽기도 했으나 이제는 성공을 인정하지 않을 수 없군요."

뜨거운 박수가 터져 나온다.

"기습뿐 아니라 엄청난 혼란을 일으키는 데도 성공했습니다. 모든 나라가 충격을 받았지만, 정작 우리가 무엇을 하려는지는 모릅니다. 이 점이 제국주의 군대들의 대응을 어렵게 만들었죠. 지금은 다음 단계를 신중하게 저울질해야 할 때입니다. 목표는 유럽의 안보 구조를 재편하는 것이지만, 동시에 미국이나 그들의 졸병인 나토와의 전면 충돌은 피하는 선에서 섬세하게 균형을 잡아야 합니다.”

모두가 동의한다는 듯 고개를 끄덕인다. 대통령은 말을 계속한다.

“중국의 시 주석과 통화하며, 미국 병력을 아시아에 묶어 준 것이 이번 일에 큰 도움이 되었다고 감사를 표했습니다. 그리고 더 이상 도움을 구하지 않겠노라고 장담했습니다. 그는 러시아와 중국의 우정은 불변하며, 모든 인민에게 평등한 평화 체제를 향한 우리의 목표에 점점 더 가까워지고 있다는 나의 의견에 동의했습니다.”

오브만치코프는 잠시 말을 끊고 참석자들을 둘러본다. 그리고 몇 초 후 조용하지만 단호한 목소리로 묻는다.

“그래서 앞으로는 어떻게 합니까? 우리에게 어떤 선택지가 있습니까?”

“통제와 긴장 고조 전술을 병행하는 것이 대응의 기조가 되어야 합니다.”

먼저 GRU 국장이 침묵을 깨고 말한다. 그는 일부 참석자들이 의미를 곧바로 받아들이지 못하는 것을 보고 설명을 덧붙인다.

"지금 당장 나토와의 대규모 충돌을 감당할 수 없다는 점은 모두가 알고 있습니다. 우리 병력은 이제 막 영광스러운 특수 작전을 마친 상태로, 추가 작전에 즉시 투입될 준비가 되어 있지 않습니다. 물론 이 정보를 적이 알아서는 안 됩니다. 적은 정반대로 믿어야 합니다.

따라서 우리의 목표가 제한적이라는 인상을 주어야 합니다. 우리에게 나토 자체에 도전할 의도는 없다고 생각하게 만드는 것이죠. 동시에 그들이 우리의 약점을 간파하고 버티는 상황을 피하려면, 압박 전략을 구사해야 합니다. 만약 그들이 대결을 원한다면 우리도 물러서지 않을 것이라고 믿게 만들어야 합니다. 그래서 통제와 긴장 고조입니다. 정확히 말하면, 통제를 위한 긴장 고조입니다."

"지당하신 말씀입니다. 하지만 계속 긴장을 고조시키다가는 순식간에 통제권을 잃을 수도 있습니다."

선수를 놓쳐 짜증이 난 FSB 국장이 반박한다.

"두 아이디어는 근본적으로 모순됩니다."

"아니, 그렇지 않습니다."

GRU 국장이 어딘가 재미있다는 듯 대꾸한다.

"이건 심리 문제입니다. 우리가 말로만 목표가 제한적이라고 하면 서방은 우리의 약점을 감지할 겁니다. 그러면 반격을 시도할 수도 있습니다. 나토는 이미 에스토니아에 병력을 주둔시키고 있습니다. 그 병력이 우리 군사들을 몰아내는 데 성공하면 어떻게 되겠습니까?

서방은 두 가지를 동시에 믿을 때에만 물러납니다. 하나, 반격은 제3차 세계대전으로 이어질 수 있다는 것, 다른 하나, 우리의 목표가 제한적이기 때문에 그 위험을 피할 가능성이 있다는 것입니다. 세계대전이라는 위험을 감수하기에 이 사안은 너무 사소하니까요.

따라서 우리의 결의가 의심받지 않도록, 즉 우리가 충돌을 두려워하지 않는다는 의지를 보여주기 위해 우리는 더 큰 혼란을 감수할 준비를 해야 합니다. 마침 중국이 미국 병력을 아시아에 묶어두고 있고, 아프리카에서는 우리 젊은이들이 유럽 해군의 주의를 지중해 일대에 고정시키고 있습니다. 그렇다면 나토의 다음 약점은 어디입니까? 우리가 나토군에 직접 총을 쏘지 않으면서도 우리의 결의를 전 세계에 각인시키고, 동시에 서방의 예상을 한참 벗어나 행동을 취할 수 있는 지점을 찾아야 합니다.”

“당신 계획은 전적으로 서방이 우리를 분열증적으로 보느냐에 달려 있군요.”

FSB 국장이 GRU 국장 말에 다시 반격한다.

“말로는 큰 충돌을 원하지 않는다고 하면서 실제로는 충돌을 유발하는 상황을 만들고도 서방이 그대로 받아들여야만 성립하는 계획입니다. 지나치게 위험한 줄타기예요. 혹시 실패하면, 1962년 쿠바 미사일 위기 당시 ‘겁쟁이 흐루쇼프’처럼 뒤로 물러나든가, 아니면 이길 수 없는 싸움에 뛰어들든가 둘 중 하나를 택해야 합니다. 자, 그래서 당신의 소통 전략은 뭡니까? 공격적 행위와 평화적 레토릭을 병행했던 히틀러를 흉내 내겠다는 건가요? 너무 안일한 접근 아닌가요?”

잠시 정적이 흐르고 마침내 GRU 국장이 입을 연다.

“이것 한 가지를 분명히 알아야 합니다. 서방은 자기들은 이성적이고 우리는 비이성적이며 감정적으로도 뒤처졌다고 생각합니다. 무슨 일을 저질러도 이상하지 않은 제국주의의 잔재로 우리를 보는 거죠. 이게 우리에게 유리합니다. 그들은 우리의 분열적 태도를 그대로 받아들일 겁니다. 그들이 가진 우리의 이미지에 맞으니까요. 하지만 당신이 옳습니다. 공개적 메시지에만 의존하는 건 위험할 수 있어요. 우선은 비공식 채널을 활용해 우리가 충돌을 원하지 않지만 피할 생각도 없다는 것을 서방의 수뇌부에 분명히 전달해야 합니다.

그런 후에는 한번 보십시오. 서방의 여론을 우리에게 유리한 쪽으로 움직여줄 고위급 정치인이 반드시 나타날 것입니다. 이번 특수 작전 때도 이 방법은 효과적이었습니다. 그리고 이 모든 것을 공개적으로만 드러내지 않는다면 당장 미국 대통령은 체면이 깎이지 않아도 됩니다. 우리에게 유리한 결정을 마치 그의 아이디어인 것처럼 선전할 기회를 주는 셈이죠.”

“아, 그건 우리도 잘 압니다.”

대통령 행정실장이 부드럽게 끼어든다.

"그는 패배자로 보이는 걸 무척 싫어하죠. 실제로는 패배자라 할지라도."

처음으로 회의실 안에 유쾌한 기운이 감돈다. 모두 시원하게 웃는다. 다시 모두가 잠잠해지자 오브만치코프 대통령이 참모총장을 향해 묻는다.

"이번에는 참모총장이 말해보시오. 처칠이 말한 나토의 '연약한 아랫배'가 또 어디겠습니까? 우리가 큰 힘을 들이지 않고, 우리는 물론 상대에게도 큰 피해 없이 타격할 수 있는 지점이 있겠소?"

지목받은 참모총장은 잠시 생각할 시간을 갖는다. 물론 그와 그의 참모들은 정확히 이 문제를 고민했다. 결국 군의 본업은 계획이므로, 이미 여러 선택지가 검토되었다. 2024년에 재창설된 레닌그라드 군관구를 활용해 핀란드 북부로 진입하는 침투는 금세 폐기되었다. 실행 자체는 비교적 수월하지만, 나토 회원국의 본토를 재차 점령하는 것은 정치적으로 매우 위험하다.

하지만 주민이 없거나, 있더라도 극소수인 섬은 상황이

다르다. 그런 섬이 여럿 있다. 예를 들어, 스발바르 제도에는 2000년까지 러시아인이 정착했던 섬이 두 군데 있다. 덴마크와 캐나다가 수십 년간 영유권 분쟁을 벌인 끝에 정확히 반으로 분할해 점유 중인 한스(Hans)섬도 괜찮은 후보다. 한스섬은 면적이 1.3평방킬로미터에 불과한 무인도로 이렇다 할 자원도 없다. 하지만 캐나다 엘즈미어(Ellesmere)섬과 덴마크령 그린란드 사이 네어스 해협(Nares Strait)의 바위섬을 '점령'한다면, 러시아 해군의 능력을 당당하게 증명할 수 있을 것이다. 뿐만 아니라, 캐나다와 그린란드 사이에 있는 섬을 러시아가 '공격'하는 것은 분명 나토의 예상을 벗어날 것이다.

마침내 참모총장이 입을 연다.

"그린란드와 캐나다 사이에 있는 한스섬이 유력한 후보지입니다. 우리 특수 요원이 잠수함으로 접근해 러시아 국기를 꽂고 곧장 철수하는 방법이 가능합니다. 이는 직접적인 반격으로 적을 도발하지 않으면서도 우리의 결의를 증명할 수 있는 가장 효과적인 조치로 보입니다."

참석자들은 동의한다는 듯 고개를 끄덕인다.

"우주에 있는 우리의 위성 공격 무기는 어떻습니까?"

대통령 행정실장이 묻는다.

"그걸 활용할 수 있을까요?"

"가능은 합니다."

참모총장이 답한다.

"하지만 그 방법을 쓴다면 인공위성을 보유한 모든 국가의 통신이 완전히 마비됩니다. 우리 것까지 포함해서요. 그러느니 차라리 미국 본토를 핵무기로 공격하는 편이 낫지 않을까요?"

그가 비꼬듯 덧붙인다.

"그건 우리의 결의를 보여주기 위한 위협용으로 남겨두는 게 낫습니다."

"나도 한마디하지요."

지금까지 말을 아끼던 팔라초프가 입을 연다. 최근 그의 용병들이 말리에서 성공적으로 작전을 수행한 덕에 그의 위상이 한층 높아졌다.

"서방에서는 엘리트건, 일반 국민이건 할 것 없이 모두 핵

무기에 대한 비이성적인 공포가 있습니다. 우리는 키이우의 파시스트들을 상대로 특수 작전을 벌일 때 이미 그 공포를 확인했습니다. 푸틴 대통령이나 측근이 핵무기 투입 가능성을 언급할 때마다 서유럽은 겁에 질렸고, 여러 나라의 우리 우군들이 긴장 고조를 경고할 때마다 여론의 엄청난 주목을 받았습니다. 그래서 숄츠 독일 총리나 바이든 미국 대통령이 우리의 적을 지원하는 정책을 펼치는 데 어려움을 겪었습니다. 그들이 핵무기 사용에 대한 우리의 의지를 진지하게 받아들인 덕에 위협이 효과를 발휘한 것입니다."

참모들의 발언을 조용히 경청하며 메모하던 오브만치코프가 회의를 마무리한다.

"신사 여러분, 내 생각도 같습니다. 우리의 결의를 보여주되, 지나치게 나아가서는 안 됩니다. 무인도를 점령하자는 아이디어는 매력적이군요. 나는 즉시 우리 측 유엔 대사에게 요청해 미국 국가 안보 보좌관에게 연락을 취할 생각입니다. 우리의 결의와 제한된 목표를 동시에 전달하도록 하겠습니다. 그다음은 상황을 보면서 결정합시다."

중앙유럽
표준시각

**2028년
3월 27일
14시**

**브뤼셀:
나토 본부**

나토 본부는 약 7,300평방미터의 유리로 지어져 자연광이 가득 들어오는 건물로, 깍지 낀 손가락 디자인이 통합을 상징한다. 나토 사무총장이 본부에서 긴급회의를 소집했고, 32개 회원국의 상임대표가 유리 출입문 바로 왼쪽에 있는 1회의실에 모였다. 더불어 나토 군사위원회 위원들과 전략 사령관들 - 유럽연합군 최고 사령관(SACEUR)과 미국 노퍽(Norfolk)에 있는 연합군 전력강화사령부(SACT)의 최고 사령관 - 이 회의에 초대되었다. 러시아의 에스토니아 공격 사태가 유일한 안건이다.

사무총장은 사실관계를 정리하는 것으로 회의를 시작한다. 참석자들도 이미 알다시피, 에스토니아 국무총리가 나토 조약 제5조 발동을 논의하기 위해 정부 및 국가수반 차원의 공식 이사회 소집을 요청했다는 말로 모두발언을 맺는다.

"오늘 여러분을 이 자리에 모신 것은 각 정부의 입장에서 비공식적인 의견을 들어보기 위해서입니다. 에스토니아의 요청에 대해 아직 일부 회원국들, 어쩌면 모든 회원국이 입장을 확정하지 못했으리라는 점은 충분히 이해합니다. 그럼에도 불구하고, 의견을 교환할 기회를 등한시할 수는 없습니다. 군사적 자문이 필요할 경우를 위해 군사위원회 대표들과 전략 사령관 두 분도 함께 모셨습니다."

사무총장은 기대에 찬 눈으로 대사들을 둘러본다. 먼저 폴란드 대사가 발언한다.

"신사 숙녀 여러분, 나는 우리 정부를 대표하여 나토 회원국을 상대로 한 러시아의 공격에 단호하게 맞서야 한다는 폴란드의 입장을 밝힙니다. 비록 작은 영역에 불과하더라도 동맹의 영토적 완전성을 침해하는 행위는 용인할 수도 없고, 용인해서도 안 됩니다. 우리는 러시아의 제국주의가 무엇인지, 그들의 목표가 어디에 있는지를 잘 압니다. 이번 도발은 한 번으로 끝나지 않을 것입니다. 올라프 숄츠 독일 연방 총리는 언젠가 '동맹의 마지막 1제곱미터'라는 표현을 한 적이 있죠."

이 대목에서 잠시 입꼬리를 실룩거리며 냉소적인 표정을 지은 그가 말을 잇는다.

"지금 우리가 단호하게 방어하지 못한다면 우리 동맹은 끝입니다. 유사시에 나토 조약 제5조가 작동하리라는 실질적 믿음이 없다면, 조약이 무슨 소용입니까?"

이어서 이탈리아 대사가 발언권을 얻는다. 그는 일단 좌중을 둘러보며 "저는 전달자일 뿐이니 제게 화살을 돌리지는 말아주십시오"라고 외친다.

"현재로서는 상황을 최종적으로 판단하기에 충분한 정보가 없습니다. 물론 독일과 영국에서 테러가 발생했고, 에스토니아를 상대로 제한적 공격도 있었습니다. 하지만 동시에."

이 대목에서 그는 에스토니아 대사를 빤히 바라보며 말을 잇는다.

"지금까지 에스토니아 정부가 자국 내 러시아계 주민들의 소수자 권리를 보장하는 데 있어 충분히 사려 깊었다고 말하기는 어렵습니다."

에스토니아 대사가 그의 말을 가로막는다.

"저는 그 발언에 강력히 항의합니다. 우리나라에서 러시아어를 사용하는 소수민족은 모든 에스토니아인과 동일한 권리를 가지며, 동시에 동일한 의무를 지닙니다. 지금 우리는 국가 영토를 침략당했고, 영토적 완전성이 훼손되었습니다. 이에 대한 대응책은 단 하나뿐이라고 생각합니다."

하지만 이날 안건에 유보적 태도를 취한 인물은 이탈리아 대사만이 아니다. 대체로 남유럽 회원국들은 에스토니아와의 연대에는 동의하면서도, 대응 방식에 관해서는 신중론에 무게를 싣는다. 상황을 정확하게 파악하기 위해서는 러시아의 의도와 군사적 움직임에 관해 더 많은 정보를 수집할 필요가 있다는 것이 그들의 공통된 견해다.

반면, 중유럽, 동유럽과 영국, 그리고 발트 3국의 입장은 정반대다. 폴란드 대사의 발언이 이미 암시했듯, 이 나라의 대표들이 강조하는 핵심은 두 가지다. 첫째, 나토가 이번 시험을 무응답으로 넘겨서는 안 되며, 사태를 수수방관했다가는 동맹의 주요 기능을 상실하게 된다는 점이다. 둘째, 이번 사태는 아마 첫걸음에 불과할 것이며 러시아의 추가적인 군사 행동이 뒤따를 가능성이 높다는 점이다.

거의 모든 발언이 마무리될 때쯤 헝가리 대표가 말을 꺼낸다. 그녀 역시 자국 정부의 최종적인 평가가 아직 내려지지 않았음을 전제하면서도 "어떤 상황이라도 나토와 러시아 간의 군사적 충돌은 피해야 한다"라며 확고한 입장을 밝힌다.

"지금 우리는 잠재적인 제3차 세계대전을 논의하고 있습니다. 그 전쟁에서는 어느 쪽도 승리할 수 없습니다. 우리가 경솔한 행동으로 그 전쟁을 촉발한다면 그것은 광기입니다."

그녀의 표현은 짧고 단호하다.

"우리 정부는 러시아와 미국의 대통령이 한 테이블에 앉아 대의적 차원에서 사안을 논의하는 것이 합리적이라고 봅니다. 저는 그런 접근이 에스토니아와 유럽의 안보에 훨씬 더 큰 기여를 할 것이라고 확신합니다."

그녀의 마지막 일성은 짧지만 강렬하다.

"우리 측의 불필요한 군사 도발은 인류의 파멸을 불러올 수 있습니다."

끝으로 불과 반 년 전에 부임한 독일 대표가 발언을 신청한다.

"우리 정부는 러시아의 의도를 분석하는 일과 더불어 우리가 선택할 수 있는 군사적 방안을 중점적으로 논의 중입니다. 그런 점에서 우리가 에스토니아 영토에 얼마나 빨리 도달할 수 있는지, 그리고 러시아와의 대규모 전쟁으로 진행되지 않으면서도 사용할 수 있는 군사적 옵션이 무엇인지 궁금합니다. 아마 이 질문에 대해 두 분 전략 사령관께서 답해주실 수 있을 것 같군요.”

사무총장이 동의의 표시로 고개를 끄덕이며 배석한 장군들을 향해 말한다.

“장군님들, 말씀 부탁드립니다.”

“알겠습니다.”

나토 유럽연합군 최고 사령관이자 유럽에 주둔하는 미군의 최고 지휘관이 설명을 시작한다.

“러시아의 의도에 관한 정치적 평가와는 별개로, 군사적 상황은 다음과 같습니다. 히우마섬을 점령한 러시아는 최단시간 내에 발트해 일대에서 해상 봉쇄를 구축할 수 있는 위치를 확보했습니다. 해상 봉쇄가 현실화될 경우, 현지에 배치된 우리 병력은 사실상 고립됩니다. 봉쇄를 돌파하려면 해군 전력이 필요합니다. 현재 우리 해군 전력의 일부는 불규칙적 이주를 차단하기 위한 유럽연합 임무 수행을 위해 지중해에 파견되어 있습니다.

설령 병력이 충분하다 해도 봉쇄를 돌파하려면 러시아와의 군사적 충돌 위험을 감수해야 합니다. 충돌이 일어나면 러시아 해군은 공중에서 지원을 받을 것이고, 동시에 다른 지역에서 군사적 긴장을 고조시킬 가능성이 큽니다.

그 긴장 고조가 어떤 양상일지는 단정하기 어려우나, 유럽 영토에 탄도 미사일을 발사할 확률이 높게 관측됩니다. 미사일에 탑재된 것이 핵탄두일지 재래식 무기일지는 알 수 없습니다. 하지만 분명한 사실은 현재 우리가 동맹의 영토를 충분히 방어할 만한 대공 방어 역량을 갖추지 못했다는 점입니다. 러시아가 이런 식으로 대응할 경우에는 막대한 피해가 예상됩니다.

물론 사전에 이런 전개를 차단할 방도가 없는 것은 아닙니다. 러시아 본토 깊숙이 도달할 수 있는 무기를 투입해 로켓 발사대와 활주로, 지휘 통제소를 파괴하는 방법이 가능합니다. 러시아의 방공 시스템과 조기경보 레이더를 무력화하기 위해서는 전자전* 수단을 동원할 수 있습니다.

그렇게 되면 러시아는 날아오는 미사일을 감지하긴 하겠

지만, 다크 이글 같은 극초음속 미사일이 타격 목표에 도달할 때까지 그것이 재래식 탄두인지 핵탄두인지는 확인할 수 없습니다. 이는 우리가 어떤 채널을 통해 해당 미사일이 재래식 탄두임을 사전에 통보하더라도 러시아가 핵으로 대응할 위험을 배제할 수 없다는 뜻입니다."

그의 설명이 끝나자 회의장이 잠잠해진다. 바늘 떨어지는 소리마저 들릴 듯한 정적이 흐른다. 참석자 중 자기 앞에 놓인 난제를 모르고 회의에 온 사람은 없다. 하지만 이제 그들은 그 비극적 특성을 구체적으로 깨닫는다. 오늘 이 자리에서 논의된 사안은 러시아와 나토 회원국만이 아니라 지구 전체에 영향을 미칠 것이다.

---

*   Electronic Warfare, 적의 네트워크, 레이더, 통신 등을 교란하여 피해를 주고 공격과 방어의 우위를 확보하는 군사 활동.

중앙유럽
표준시각

2028년
3월 27일
14시 15분

워싱턴:
백악관

6,000킬로미터 떨어진 브뤼셀에서 나토 대표단의 회의가 열리는 동안, 백악관에는 쉰넷의 러시아 최고위 외교관이 웨스트윙으로 입장한다. 그는 미국 대통령의 국가 안보 보좌관을 만나러 왔다. 러시아 대통령 행정실장으로부터 직접 받은 메시지를 전달하는 것이 그의 임무다. 즉, 러시아는 나토를 상대로 전쟁을 벌일 생각은 없으나 필요하다면 전쟁 준비는 되어 있으며, 그들에게는 나르바를 통제해 자국의 영토에 편입하는 것 이상의 야심이 없다는 말을 전하러 왔다.

호리호리하지만 단단한 체구의 남성이 사무실로 들어오자 국가 안보 보좌관이 반가이 맞이한다. 그 역시 이 대화의 결과에 따라 미국 대통령이 러시아의 공격에 어떻게 대응할지가 좌우된다는 사실을 잘 알고 있다.

"어서 오십시오. 뵙게 되어 기쁩니다."

그가 다소 과장된 태도로 러시아 외교관에게 인사하며 사무실 한가운데에 놓인 2인용 소파를 가리킨다.

"앉으시지요."

자리를 권한 후 그도 맞은편 소파에 기대듯 앉는다.

"무얼 드릴까요? 커피나 차, 다른 것이라도?"

"차 한잔 부탁합니다. 우유를 조금 넣어서."

비서가 차를 내오자 국가 안보 보좌관이 공식적으로 대화를 시작한다.

"무슨 일로 저를 찾아오셨습니까?"

"인류의 존속만큼 중요한 일이 또 뭐가 있겠습니까."

외교관이 짐짓 비장한 어조로 웅변하듯 말한다. 국가 안보 보좌관이 격하게 한숨을 뱉는다. 미국 대통령에게 중요한 메시지를 전달하기 위한 대화라는 것은 알지만, 상대가 너무 비장하게 서두를 열자 심기가 상하는 건 어쩔 수 없다.

"그러면 그걸 어떻게 보장할 수 있을까요?"

그가 애써 순진한 표정을 지으며 묻는다.

"자, 들어보시죠."

시작이 지나치게 극적이었다는 걸 깨달은 외교관이 말투에서 비장함을 거두고 설명을 계속한다.

"내 조국은 위대한 역사를 자랑하는 나라입니다. 그러나 35년 전부터 우리는 핵심 영토를 하나씩 빼앗기는 굴욕을 감내해야 했고, 국경 밖에 사는 동포들은 점점 더 큰 억압에 시달리고 있습니다."

그는 잠시 차 한 모금을 마신 뒤 말을 계속한다.

"이제 그런 시절은 지나갔습니다. 다른 누가 나서지 않는다면 우리 스스로 우리 민족을 지킬 것입니다. 어떤 대가를 치르더라도 그들을 보호할 것입니다."

"지금 '어떤 대가'라고 하셨나요, 대사님?"

국가 안보 보좌관이 날카롭게 묻는다.

"네, 제대로 들으셨습니다. '어떤 대가'를 치르더라도."

둘은 의도적으로 잠시 말을 멈춘다. 얼마 후 상대의 눈을 응시하던 외교관이 무거운 침묵을 깬다.

"우리에게는 의지만이 아니라 수단도 있다는 것을 분명히 아시길 바랍니다. 어째서 위대한 미국이 이 사실을 이해하지 못하는지, 내 나라 사람들은 종종 묻곤 합니다. 당신들은 왜 우리의 결의를 자꾸 시험하려 드는 겁니까?"

"아무도 당신 나라의 결의를 시험하지 않습니다. 다만, 우리 모두에게 동일한 기준, 동일한 권리, 동일한 의무가 적용돼야 하는 것 아닙니까?”

미국인은 토론을 좀 더 실무적인 방향으로 끌고 가려 시도한다. 러시아인은 등을 소파에 기대고 다리를 꼰다. 마치 이 질문만을 기다렸다는 몸짓이다.

“오늘날 당신 – 개인이 아니라 당신 나라까지 – 이 누리는 위상은 언제나 원칙 위에 군림하고 의무를 따르지 않은 덕분입니다. 미국의 관점에서 원칙은 다른 나라에만 적용되는 것이고 의무 또한 다른 나라만 지는 것이죠. 하지만 그런 시대는 끝났고 돌이킬 수 없습니다. 이제는 미국과 그 졸병인 유럽이 다른 나라에게 무엇을 해야 하고, 무엇을 하면 안 되는지를 명령하는 시대가 아닙니다.”

국가 안보 보좌관은 이 대화를 추상에서 현실로 끌어내야 한다고 판단한다. 하지만 어떻게?

“우리 한번 구체적으로 얘기해 봅시다.”

그가 시도한다.

“지금 우리 양국 사이에 중대한 문제가 발생했습니다. 러시아가 우리 동맹국의 영토적 완전성을 훼손했고, 우리는 이에 어떻게 대응해야 할지를 자문하는 중입니다.”

“우리는 그 누구의 영토적 완전성도 훼손한 적이 없습니다. 우리는 그저 해외에 사는 동포들을 억압과 핍박에서 보호했을 뿐입니다.”

모스크바에서 온 특사가 외교관으로서는 이례적이라고 할 만큼 날카로운 톤으로 응수한다.

“그리고 당신도 알겠지만, 발트 3국의 독립은 억지의 산물입니다. 역사적 맥락에서 그들은 러시아의 일부였습니다. 하지만 이제 와서 우리가 그 국가 존재의 정당성을 문제 삼자는 건 아닙니다. 우리의 관심은 오로지 우리 민족을 보호하는 것뿐입니다.”

“그렇다면 우리가 협력국인 에스토니아에 러시아계 소수 민족과 관련한 당신들의 요구를 수용하라고 요청한다면 이 문제를 해결할 수 있지 않을까요?”

국가 안보 보좌관은 가능한 해법을 모색하는 방향으로 대화의 방향을 끌어가려 애쓴다.

“지금은 너무 늦은 게 아닌가 하는 염려가 드는군요. 우리는 충분히 오랫동안 선의로 우리 민족의 문제를 지적해 왔으나 아무것도 바뀌지 않았습니다. 이제 우리에게는 에스토니아 정부가 러시아인의 권리를 보호해 주리라는 신뢰가 없습니다. 그러므로 사안을 직접 처리하는 것 외에 다른 선택지는 남아 있지 않다고 봅니다."

미국인은 이 러시아인과 보다 분명한 언어로 대화할 때가 왔음을 깨닫는다. 이제는 외교적으로 해결 가능성을 타진하려는 시도에 별 의미가 없어 보인다.

"하지만 우리도 이번 도발에 무응답으로 일관할 수 없다는 사실은 분명히 알고 계셔야 합니다. 이 문제에는 우리의 신용이 걸렸을 뿐 아니라 당신들이 선례가 될 위험도 고려하지 않을 수 없습니다. 만약 그러면 세상이 어떻게 되겠습니까?"

"물론 우리는 지난 10년간 이라크와 아프가니스탄, 그리고 우크라이나에서 보여준 미국의 군사 위력을 잘 알고 있습니다."

외교관이 비아냥대듯 답한다.

"하지만 분명히 말씀드리건대, 내 나라는 에스토니아에

거주하는 러시아계 자국민을 보호하기 위해서라면 무슨 일이든 할 준비가 되어 있습니다. 잘 아시다시피, 우리는 육해공은 물론 사이버 공간과 우주에서도 필요하다면 모든 수단을 동원할 수 있습니다. 마지막으로 너무 솔직하다고 나무라지 않길 바라며 질문 하나만 하겠습니다. 미국인들은 유럽의 변방 도시 하나를 해방하기 위해 자국 영토에 닥칠 대재앙을 감수할 각오가 되어 있습니까?"

삽시간에 핵무기 사용이라는 비장의 카드가 탁자 위에 놓이고, 국가 안보 보좌관의 머릿속에서는 생각이 빗발친다.

'러시아는 목표 달성을 위해 어떤 위험도 감수할 각오를 한 것 같다. 아니면 이 모든 것이 엄포일 수도 있다. 그러나 엄포인지 아닌지를 확인하려면 러시아의 위협을 실제로 테스트해야 한다. 만약 단순한 엄포가 아니라면? 그 테스트는 필연적으로 상상할 수 있는 최악의 재앙을 낳을 것이다.'

"말씀하신 뜻은 정확히 이해했습니다."

미국인이 천천히 또박또박 말한다.

"제가 대통령을 대신해 말씀드릴 수는 없지만, 귀국의 대통령께 전해주시기를 부탁합니다. 미국은 이 정도 규모의 충돌에는 아무런 관심이 없습니다. 그러나 이처럼 명백한 국제법 위반을 무시할 수도 없습니다. 어떤 대응이 적절할지에 관해서는 내부적으로, 그리고 동맹국들과 함께 상의할 수밖에 없다는 점을 이해해 주시길 바랍니다."

"물론 그 부분은 전적으로 이해합니다."

외교관이 호응한다.

"그리고 제 생각에는, 우리 정부를 대표해 이렇게 말할 수 있을 것 같습니다. 미국에서 찾아내게 될 그 대응이 모든 민족의 평화적인 공존에 부합하는 것이기를 희망합니다."

이 말과 함께 외교관은 자리에서 일어난다. 그는 국가 안보 보좌관에게 손을 뻗어 단호하게 의무적인 악수를 한 다음, 성큼성큼 사무실을 나간다. 그가 사라지기 무섭게 국가 안보 보좌관은 최측근을 불러 모아 나토 주요국에 연락을 취해 러시아가 나토에 보내는 다음과 같은 메시지를 전달하라고 지시한다.

"유사시 모든 수단을 동원하겠다."

중앙유럽
표준시각

2028년
3월 28일
12시 27분

80°49'35"N
66°27'30"W:
기습

“부상 준비.”

함장이 명령을 내리자, 잠수함 전체에 정확히 전달되도록 승조원 전원이 명령을 되받아 외친다. 부함장과 기관장이 각종 시스템을 점검하고 잠수함의 부상 준비가 완료되었음을 알린다. 총 110명에 달하는 승조원이 안전하게 수면 위로 올라갈 수 있도록 170미터 길이의 금속관이 천천히 솟아오른다. 동시에 잠망경과 음파탐지기가 수면에 장애물이나 배, 혹은 다른 위험 요소가 없는지를 면밀히 감시한다. 이는 그저 충돌을 피하기 위한 절차가 아니다. 보레이급 잠수함의 항해가 이미 발각되어 적 함정이 수면 위에서 매복하고 있지는 않은지를 확인하기 위한 것이기도 하다. 그런 기미는 전혀 없다. 이는 곧 함장이 탐지망을 뚫고 작전 목표 지점인 한스섬 인근에 접근하는 데 성공했다는 뜻이다.

설령 항해가 발각되지 않았다 해도, 지금부터는 모든 일을 매우 신속하게 진행해야 한다. 핵 추진 잠수함이 부상하는 순간, 그린란드에 배치된 미국의 레이더 시스템이 경보를 울리고 대응 조치가 개시될 것이기 때문이다. 불라바급 대륙간 탄도 미사일 16기를 탑재한 잠수함이 나토 회원국 해안에 출몰한 것이 흔한 일은 아니다. 미사일 한 대당 사거리가 8,000킬로미터 이상, 각 탄두는 100킬로톤에서 150킬로톤 급이며, 한 기에 여섯 개에서 열 개까지 실릴 수 있다. 미국의 경종을 시끄럽게 울리기에 충분하다. 그리고 그것이 이번 작전이 도모하는 바다.

잠수함이 수면 가까이에 이르자 군 정보국 소속 특수 요원 세 명이 에어록에 올라탄다. 그들 뒤로 에어록이 밀폐되고 내부가 물로 채워진다. 내외부의 압력이 맞춰지자 외부 해치가 열리고 전투 수영으로 단련된 요원들이 잠수함을 떠난다. 그들은 오래 걸리지 않아 한스섬에 당도한다.

도착하자마자 두 명은 주변을 확보하고, 다른 한 명이 크리스털 보드카 한 병과 캐비어 통조림 한 통을 1.3제곱킬로미터 면적의 '바위' 한가운데에 내려놓은 뒤 러시아 국기를 게양한다. 그리고 나타났을 때만큼이나 재빠르게 사라진다. 그들을 태운 잠수함은 그 어떤 나토 전력이 출동하기도 전에 네어스 해협의 심연으로 가라앉아 북극해에 이른 뒤 수심 400미터에서 귀국길에 오른다.

러시아의 기습은 성공적이다. 보드카와 캐비어 통조림을 남겨놓은 행위는 그 섬을 둘러싼 캐나다와 덴마크 간의 분쟁을 유머러스하게 패러디한 것이다. 지난 수십 년간 두 나라는 번갈아 가며 그 섬으로 건너가 자국 국기와 자기 나라를 대표하는 전통주를 놓고 돌아오곤 했는데 그 때문에 이 분쟁에는 '위스키 전쟁'이란 별칭이 붙었다.

상징보다 훨씬 더 중요한 것은 핵을 탑재한 러시아 잠수함이 아무에게도 들키지 않고 북극해를 통과해 한스섬까지 접근하는 데 성공했다는 사실이다. 이는 언제 어디서든 러시아 핵 잠수함이 출몰할 수 있다는 경고다.

중앙유럽
표준시각

2028년
3월 28일
16시

브뤼셀:
나토 본부

동맹의 정부 및 국가수반이 한자리에 모이는 연례 회의는 으레 언론의 취재 열기로 달아오르기 마련이다. 명실상부 세계 최강 군사 동맹의 수장들이 모인 회의이기 때문이다. 하지만 이번 화요일에 브뤼셀 나토 본부를 둘러싼 언론의 관심은 노련한 언론 담당자들도 감당하기 벅찰 정도로 과열되었다. 전 세계에서 온 취재 등록 요청서가 겹겹이 쌓이고, 나토 관계자나 개별 정부 및 국가수반들을 상대로 한 인터뷰 요청도 물밀듯 쇄도한다.

분위기는 경직돼 있다. 결국 관건은 동맹이 사상 두 번째로 나토 조약 제5조를 발동할지 여부다. 최초로 집단 방위 조항이 발동되었던 9.11 직후에는 나토가 공동으로 운용하는 공중조기경보통제기(AWACS)를 특정 공역 감시 용도로 파견하는 수준이었다. 하지만 이번에는 그 정도로 그치지 않을 것이다. 만약 이번에 제5조가 발동된다면, 그것은 곧 동맹과 그 회원국들이 전쟁에 돌입한다는 뜻이다. 그것도 핵무장국인 러시아와의 전쟁에. 이는 1949년 창설 이래 나토가 언제나 대비해 온 동시에 줄곧 피하고자 애써온 시나리오다.

이번 정상회의는 결론이 미리 정해져 있지 않다는 점에서 평소와 다르다. 고위급 외교 실무자들과 각국 국가 안보 보좌관들 간 사전 협의에서도 합의가 도출되지 못했다. 러시아의 공격을 규탄하는 데까지는 의견 일치를 보았으나 그 귀결이 될 대응에 관해서는 의견이 엇갈렸다. 그러므로 오늘 나토 본부 1회의실에서 나올 결론을 예상할 수 있는 사람은 아무도 없다.

모든 정부 및 국가수반들이 경호원의 호위를 받으며 회의실로 입장하자 문이 닫히고 회의가 시작된다. 회의실은 만석이다. 너무 많은 보좌관이 참석한 탓에 상당수는 둘째 줄에서도 자리를 잡지 못한다. 사무총장이 앞에 놓인 종을 울려서 모두 착석하라는 신호를 보낸다. 장내가 조용해지자 그가 발언을 시작한다.

"신사 숙녀 여러분, 나토 이사회 최고위급 특별회의에 오신 것을 환영합니다. 오늘 회의는 역사적인 자리입니다. 에스토니아의 요청에 따라, 나토 이사회는 회원국을 향한 러시아의 공격에 집단 방위 사태를 선언할 것인지를 논의하고 결정해야 합니다."

사무총장이 주위를 한번 훑어본다. 긴 타원형 탁자에는 32개국 정부 및 국가수반이 각국의 영문 알파벳 순서에 따라 앉아 있다.

"그간 나는 여러분 모두와 수차례 대화를 통해 합의를 이끌어내려고 노력했습니다. 러시아의 침략을 규탄한다는 점에 있어서는 그 목표를 달성했습니다. 이와 관련해서는 분명하고 단호한 표현을 담아 공동성명을 발표한 바 있습니다. 하지만 이 침략 행위에 적절한 대응이 무엇인가 하는 문제에는 입장 차가 여전합니다. 그러므로 오늘은 아무쪼록 우리를 주시하는 전 세계 언론 앞에서 하나로 통일된 입장을 제시할 수 있도록 협의해 주실 것을 당부합니다. 아울러 논의 과정에서 우리가 최우선으로 고려할 것은 동맹의 단결이라는 점을 덧붙이고자 합니다. 그럼, 토론을 시작하겠습니다."

제일 먼저 미국 대통령이 발언권을 잡는다.

"우리는 이 자리에서 러시아의 제한적 공격 행위에 대한 입장을 정해야 합니다. 그것이 비난받아야 할 행위임에는 틀

림없으나 이해가 필요한 부분도 있다고 봅니다. 에스토니아는 수년간 러시아어를 사용하는 소수민족의 권리를 보호하고 강화하는 데 소극적이었습니다. 물론 그것이 러시아의 행위를 정당화할 수는 없겠지만 분명 그러한 역사적 배경을 고려해야겠지요.

취임한 이래 나는 줄곧 유럽이 방위에 더 많은 돈을 써야 한다고 요구해 왔습니다. 훨씬, 훨씬 더 많이요. 유럽은 아직 미국에 지급하지 않은 청구서가 있으니 그걸 정산해야만 한다고 말했어요. 그런데 어떻게 되었나요? 아무 일도 없었습니다. 부자 유럽이 계속 계산을 미룹니다. 그러면서도 미국의 힘과 미군의 주둔에 의지합니다. 어째서 유럽을 구하는 일에 번번이 우리가 불구덩이로 뛰어들어야 합니까?

전쟁은 해결책이 아닙니다. 내가 보기에 이번 러시아의 행위는 나르바라는 일부 지역에 관한 것일 뿐입니다. 나는 히우마섬 철수를 두고 러시아와 합의를 볼 수 있으리라고 확신합니다. 그들이 원하는 게 무엇이겠습니까? 한스섬에서 그들이 감행한 지저분한 작전에서 알 수 있듯 그들은 우리를 위협하고 겁주려는 것뿐입니다. 본질적으로 그들의 관심사는, 우리가 그들로부터 받은 메시지에 따르면, 소수자인 자기 민족을 보호하는 것입니다. 이것이 에스토니아와 러시아 간의 쟁점이며, 이 문제는 우리가 충분히 도울 수 있습니다.

나는 이 문제를 해결하기 위해서라면 전폭적으로 지원할 의향이 있습니다. 하지만 내 나라를 전쟁에 끌어들일 의향은 없습니다. 나르바 때문에 제3차 세계대전을 감수할 의향도 없습니다. 이것이 나와 미국의 입장입니다. 만약 여러분 유럽인들이 군사 행동을 하고 싶다면 그건 알아서 할 일입니다. 하지만 우리는 그것에 동의하지도, 지원하지도 않을 겁니다."

분노에 찬 발언이 회의장을 폭격한다. 이로써 미국 대통령은 제5조의 발동에 거부권을 행사한다. 뿐만 아니라 유럽 국가들끼리 제5조를 근거로 러시아의 침략에 대한 대응책을 발효할 가능성마저 소멸된다. 집단 방위 조항의 틀 안에서 여전히 전체 군사력의 65퍼센트 이상을 차지하고 있는 미국 없이, 즉 미국의 수색 능력과 운송 능력 없이 유럽은 사실상 할 수 있는 게 없다.

"대통령님" 독일 연방 총리가 그의 말을 받는다.

"유럽의 부족한 기여에 분노하는 입장을 충분히 이해합니다. 하지만 이 자리에서 논의할 사안은 에스토니아와 러시아 간의 양자적 갈등을 훨씬 넘어서는 문제이며 이 점을 대통령님이 고려해 주시길 요청합니다. 제 관점에서 보건대, 그리고 이 자리에 있는 많은 분, 아니 어쩌면 이 회의에 참석한 절대다수를 대표해 말씀드리건대, 이는 유럽의 안보 질서, 아니 심지어 대서양 양안에 걸친 안보 체계의 미래가 걸린 문제입니다. 불과 최근까지만 해도 그 체계는 우리 모두에게 평화와 자유, 그리고 경제적 번영을 보장해 주었습니다.

이 대목을 좀 더 분명히 짚을 필요가 있습니다. 미국의 경제적 번영은 유럽 시장에 자유롭게 진출할 수 있는 여건과 무관하지 않습니다. 만약 우리가 러시아의 제국주의 앞에 무릎을 꿇는다면 장기적 관점에서 미국 또한 자유로운 유럽 진출을 보장받지 못할 것입니다. 또한 세계 여론이 대통령님을 어떻게 보겠습니까? 중국과 이란과 북한이 대통령님을 무시할 것입니다. 과연 대통령님에게 서방과 세계의 자유를 수호할 의지가 있는지를 의심하겠지요. 멀리 보자면, 그런 태도는 미국에도 결코 득이 되지 않을 것입니다."

1회의실에서는 손바닥으로 타원형 탁자를 두드리며 동의를 표하는 일이 매우 드물다. 그리고 지금 그 드문 일이 일어났다. 몇몇 정상들이 즉각 독일 총리에게 호응한 것은 그가 그들의 마음을 대변했기 때문만은 아니다. 독일 총리의 흠잡을 데 없는 발언을 들은 미국 대통령이 어쩌면 입장을 재고할지 모른다는 기대를 품었기 때문이다.

참석자 모두가 독일 총리의 입장을 지지하는 건 아니다. 그의 신랄한 발언 다음으로는 미국을 지지하는 나라들의 입장 표명이 잇따른다. 남유럽 국가들과 헝가리, 슬로베니아뿐 아니라, 절친한 파트너인 프랑스마저도 독일에 등을 돌린다. 극우 정당 소속 프랑스 대통령이 좌중을 둘러보며 발언을 시작한다.

"우리에게는 인류 문명의 기반을 파괴하는 데 우리 군사력을 사용하지 않을 책임이 있습니다. 러시아가 국제법을 위반했다는 데는 의심의 여지가 없습니다만, 솔직히 말해 군사력의 총동원을 정당화할 만한 정도는 아닙니다. 또한 우리에게는 제5조의 발동과 그로 인한 대응으로 일어날 피해로부터 우리 영토와 시민을 보호할 책임도 있습니다. 그러므로 프랑스는 우리 시민의 생명을 걸고 무책임한 위험을 감수하는 행위는 그 어떤 이유로도 정당화할 수 없다는 입장입니다."

이로써 동맹의 군사 강국 삼 형제 중 둘째에게도 제5조에 근거한 군사 대응의 의지가 없다는 사실이 명백해진다. 그들이 보유한 핵 수단은 분쟁을 저지하고 긴장을 고조하는 데 반드시 필요하다.

나토 사무총장이 씁쓸한 목소리로 회의를 마무리한다.

"신사 숙녀 여러분, 에스토니아의 집단 방위 요구에 관해 우리의 의견이 일치하지 않는 것으로 확인되어 에스토니아 총리께 요구의 철회를 요청합니다. 여러분께 이의가 없다면 이것으로 회의를 마치겠습니다."

에스토니아 대표에게는 그 제안을 수락하는 것 외에 다른 대안이 없으므로 회의는 공식적으로 막을 내린다. 사무총장은 회의실에서 나와 기자회견이 예정된 본부 중앙 홀로 직행한다. 대변인은 대기 중인 전 세계 언론 앞에 그를 소개하면서 성명 발표 후 질의응답은 없다고 예고한다. 수많은 카메라와 마이크 앞에 선 사무총장이 간단히 발표한다.

"신사 숙녀 여러분, 오늘 나토 정상회의는 에스토니아의 요청에 따라, 우리 동맹 회원국을 향한 러시아의 공격이 제5조 발동 요건에 해당하는지를 논의하였습니다. 회의 참석자 전원은 회원국 영토를 침범한 행위가 국제법 위반이라는 사실에는 동의했으나, 이에 대한 대응 조치를 개시하는 문제에 있어서는 합의에 이르지 못했습니다. 다만, 추가적인 논의를 이어가기로 합의했습니다."

잠시 말을 멈춘 그가 다시 입을 연다.

"제 개인적 의견을 한마디 덧붙이겠습니다. 오늘은 우리 동맹에게 암울한 날입니다. 감사합니다."

말을 마친 그는 곧장 기자들에게 등을 돌려 엘리베이터가 기다리는 홀 정면으로 향한다. 집무실로 올라가는 그의 뒤를 측근들이 따른다.

**2028년
3월 29일
9시**

**러시아
트베리주
르제프:
공정한 세계**

세르게이 라보트니크*는 농기계 생산 공장의 노동자이자 기혼 남성으로 평범한 사람이다. 슬하에 딸이 둘 있는데 성인이 되어 독립한 지 여러 해 되었다. 이번 주에 그는 오후 근무를 맡았으므로 오전에는 종종 그러하듯, 부엌에 앉아 신문을 읽으며 차를 마신다. 출근 준비 전까지는 아직 시간이 충분하다. 그의 아내 갈리나는 인근 시립병원에서 간호사로 일하는데 이번 주는 오전에 근무한다. 그러므로 그는 집에 혼자 있다. 혼자라도 괜찮다. 아니, 혼자가 편하다.

언제나처럼 세르게이는 작은 TV를 켜놓은 채로 신문을 읽는다. 정확히 말하면 스포츠면을 읽는다. 그가 꼼꼼하게 읽는 유일한 지면이다. 그와 그의 아내에게 신문과 TV는 러시아라는 광활한 세계와 연결되는 통로다. 모스크바 북서쪽 인구 6만 명의 소도시 주민에게 모스크바는 꽤 멀게 느껴진다.

세르게이는 자신이 응원하는 축구팀인 FV 트베리의 최

---

*　세르게이(Сергей)는 러시아에서 아주 흔한 이름이고, 라보트니크(Работник)는 러시아어로 '노동자'라는 뜻의 일반 명사다.

신 동향을 주의 깊게 읽는다. 팀은 또다시 2부 리그에서 강등되지 않기 위해 고군분투 중이다. 바로 그때, TV에서 음악이 흘러나온다. 흔한 러시아 대중가요나 민속음악이 아니라 팡파르가 크게 울려 퍼진다. 음악 소리에 놀란 동시에 궁금해진 세르게이가 신문에서 고개를 들고 의자를 돌려 냉장고 위에 놓인 TV를 올려다본다.

그는 팡파르를 울릴 정도면 중요한 일이 틀림없다고 생각한다. 화면 또한 뭔가 중요한 일이 벌어지고 있는 것처럼 보인다. 그가 내내 틀어놓는 국영방송 로시아 1 채널은 생중계로 크렘린을 연결하고 있다. 카메라에 비친 참석자 중에는 고급 정장을 입은 남녀뿐 아니라 정복을 입고 옷깃에 훈장과 전투 메달을 단 군인들도 보인다. 홀에 모인 사람들의 수는 200명에서 300명은 족히 되어 보인다.

'대체 무슨 일일까?'

세르게이는 의아하다. 신문과 TV에서 오늘 중요한 일이 있다는 소식을 접한 기억이 없다.

'무심코 지나쳤나 보군.'

정치에 큰 관심이 없는 그에게는 있을 법한 일이다. 카메라는 참석자들의 머리 위를 훑고 지나가길 수차례 거듭한 후에 화면을 전환한다. 이어서 두 명의 의장대 병사가 지키고 선 황금빛 크렘린궁의 문이 보인다. 이는 곧 오브만치코프 대통령이 이 회의를 소집했다는 신호다. 그 문을 통과할 수 있는 사람은 오직 크렘린의 주인뿐이다. 젊은 의장대 병사들이 크고 육중한 문을 천천히 열자 붉은 카펫 위를 걸어 들어오는 오브만치코프가 화면 가득 등장한다. 그의 좌우에는 두 명의 남성이 함께 걷고 있다.

카메라와의 거리가 좁혀지면서 두 남성이 누군지 분간이 된다. 왼쪽은 블라디미르 푸틴, 오른쪽은 벨라루스 대통령인 알렉산드르 루카셴코다. 두 사람의 외모에는 세월이 지나간 흔적이 역력하다. 젊고 활기찬 러시아 대통령 곁에 서니 그들은 영락없이 늙은 러시아 관료처럼 보인다.

세 사람이 단상에 오를 때까지 그들 뒤를 쫓아가던 카메라는 이제 기립박수를 치는 청중들에게로 초점을 돌린다. 영원처럼 길었던 박수갈채가 마침내 끝나고 청중들은 착석한다. 순간 홀에는 정적이 깃든다.

오브만치코프는 마이크로 다가가 입을 연다. "동지들"이라는 호명부터 특별하다. 평소라면 청중을 "신사 숙녀 여러분"이라고 불렀을 테지만, 오늘은 한결 친근하고 믿음직한 호칭인 "동지"를 택했다. 세르게이 라보트니크는 자기 집 부엌에 앉아 차를 홀짝이며 그 호칭이 낯설다고 생각한다.

"동지들."

오브만치코프가 반복해 호명한다.

"오늘은 우리 조국에 특별한 날입니다. 오늘 우리는 강대함을 되찾았습니다. 러시아의 문명과 국가적 위상이 부활했습니다. 오늘 나르바가 위대한 우리 국가의 품으로 돌아왔다고 발표할 수 있게 되었습니다. 이뿐만이 아닙니다. 오늘은 내가 알렉산드르 그리고리예비치 루카셴코 대통령과 함께 러시아-벨라루스 연방 체결 조약을 추진하기로 합의한 날이기도 합니다. 우리는 2030년 6월 1일까지 양국이 하나의 국가가 되기로 합의했습니다. 과거의 긴밀한 협력 관계는 공동 연합으로 전환될 것입니다. 하나의 의회, 하나의 군대, 하나의 대통령을 가진 국가가 될 것입니다.

이를 통해 러시아는 예전의 강대함을 되찾을 것입니다. 2014년부터 우리는 러시아를 작은 틀 안에 가두어서 국제사회에서 마땅히 누릴 수 있는 지위를 차지하지 못하도록 막으려는 세력들과 맞서왔습니다. 공격적인 반러시아 정책과 데카당스, 그리고 타락한 인간관을 앞세운 서방을 제압하는 과정에서 큰 손실을 치러야만 했습니다. 그러나 이제 분명히 말할 수 있습니다. 그 희생은 결코 헛되지 않았습니다. 우리는 키이우에서 파시스트들을 물리쳤고 그들의 지원 세력 또한 물리쳤습니다. 나는 조만간 미국 대통령과 직접 대화를 나눌 것입니다. 유럽 안보 질서의 재편과 글로벌 현안이 그 주제가 될 것입니다.

우리는 세계에서 가장 위험한 세력들, 위대한 우리의 조국을 모욕하고 파멸하려 했던 세력들에 맞서 이 모든 것을 자력으로 이루었습니다. 하지만 우리에게도 늘 우리 편에 서 있던 친구들이 있었습니다. 무엇보다 중국의 시 주석께 깊은 감사를 표합니다. 또한 인도의 모디 총리도 어려운 시기에 인도가 러시아의 신실한 친구임을 증명해 주셨습니다.

우리는 중국, 인도 두 나라와 함께 평화롭고도 권력이 다극으로 분산된 세계를 지향합니다. 모든 민족에게 공정한 세계를 만들기 위해 애쓸 것입니다. 우리는 '글로벌 사우스'*의 대변자로서, 모두의 복지를 실현하는 데 기여하고자 합니다. 특정 국가가 다른 국가에게 해도 되는 것과 하면 안 되는 것을 지시하던 정치는 더 이상 없습니다. 그런 시대는 지났습니다.

그리고 분명히 짚고 넘어가야 할 한 가지 사실은, 이 모든 것은 지난 30여 년간 한 인물이 우리나라의 운명을 붙들고 암담한 시기에서 위대한 정점으로 끌어올리지 않았다면 불가능했으리라는 것입니다. 그 인물, 블라디미르 블라디미로비치 푸틴에게 우리의 영원하고 진실한 감사를 바칩니다."

나머지 말은 우레와 같은 박수 소리에 묻힌다.

---

* Global South, 경제적으로 덜 부유하고 국제 질서에서 발언권이 제한되었던 국가들을 가리키는 용어. 주로 아프리카, 라틴아메리카 등 남반구 국가를 말하지만 북반구의 중국과 러시아도 글로벌 사우스로 분류된다.

세르게이 라보트니크는 의자를 다시 식탁으로 돌리고는 신문에 고개를 파묻는다. 그는 세 시간 후에 출근해야 한다. 그는 생각한다.

'아직 시간이 넉넉하군.'

모스크바와 베이징: 새로운 중심

늦은 저녁 오브만치코프 대통령은 시 주석에게 전화를 걸기 위해 수화기를 든다. 신호음이 두 번 울리고 베이징의 지배자가 전화를 받는다.

"대통령님, 목소리를 들으니 반갑습니다. 잘 지내십니까?"

"더할 나위 없이 잘 지냅니다."

오브만치코프가 답한다.

"최근 100년 이래 그 어느 때보다 역사가 더 빠르게 움직이고 있습니다."

오브만치코프는 상대의 미소를 보지 못한다. 시 주석은 자신의 권력이 정점에 이르렀음을 느낀다. 전임자들에게 물려받은 계획이 마침내 성과를 거두고 있는 듯하다. 목표는 이제 눈앞이다. 미국의 패권은 꺾였고, 중국은 이제 손만 뻗으면 전 세계의 주도권을 쥘 수 있을 것처럼 보인다. 그는 만족한 목소리로 오브만치코프에게 말한다.

"맞습니다, 그리고 그 흐름은 우리가 결정합니다."

후기

서문에서 밝혔다시피, 학문에서의 시나리오는 현재 관찰 가능한 트렌드와 상황 전개를 기초로 한 서술이다. 뜬구름을 잡는 소리가 아니라 현실의 연장이다. 하지만 그렇다고 해서 시나리오에 기술된 바가 현실에서 반드시 일어나라는 법은 없다. 오히려 시나리오는 그런 전개에 대비하고, 그것이 현실이 되는 것을 막기 위한 용도로 개발된다.

이런 의미에서 나는 이 시나리오가 러시아의 승리로 귀결된 요인을 되짚고자 한다. 나토가 시험에 통과하지 못한 이유는 무엇일까? 지금까지 묘사한 시나리오는 얼마나 현실적일까? 그 결과가 현실에서 되풀이되는 것을 막으려면 우리는 어떻게 해야 할까?

말하자면, 러시아와의 대립 국면에서 도움이 될 만한 교훈을 시나리오 안에서 찾아보자는 얘기다. 우크라이나 전쟁이 언제, 어떤 방식으로 끝나든 러시아와의 대립은 계속될 것이다. 당분간 유럽 안보 정책을 위협하는 중심축에는 항상 러시아가 있을 것이다.

핵 위협

무엇보다 먼저 러시아의 핵 무력 시위가 실제로 성공을 거두었다는 점을 언급하지 않을 수 없다. 러시아는 우크라이나를 전면 침공한 이래, 공격한 대상을 군사적으로 지원하는 국가들을 핵무기로 위협해 왔다. 그 대상이 우크라이나인지, 지원국인지는 그때그때 달랐지만, 위협은 효과를 거두었다. 러시아가 핵무기 사용을 실제로 준비했다는 징후, 이를테면 핵탄두를 저장고에서 꺼내 발사체로 이동시키는 등의 움직임은 어느 시점에도 포착되지 않았다. 하지만 핵무기 사용 가능성에 대한 위협은 그 자체로 충분한 효과를 발휘했다.

무엇보다 이런 위협을 발판으로 이른바 '공포 장사꾼'-이어지는 단락은 2024년 12월 6일 〈한델스블라트(Handelsblatt)〉에 게재된 나의 칼럼 〈공포 장사꾼(Die Angstunternehmer)〉에서 가져왔다-집단이 여러 나라에서 득세했다. 공포 장사꾼 집단은 다양한 세력으로 구성된다. 이념적 확신으로 모스크바의 입장을 옹호하는 사람들과 잃어버린 공적 존재감을 되찾고자 하는 전직 군인들, 극우 혹은 극좌의 스펙트럼에서 편안함을 느끼는 언론인과 소수의 학자들이 이 집단에 포함된다. 그리고 소셜 미디어 사용자와 인터넷 트롤들이 손가락으로 그들을 떠받친다.

이 집단은 포괄적인 긴장 고조 국면에서 시민들과 일부 정치 엘리트들이 느끼는 정당한 공포를 자신들의 사업 모델로 삼았다. 러시아가 전면 침공을 개시하기도 전에, 이들은 공격을 막기 위해서라면 모스크바의 모든 요구를 수용해야 한다며 호들갑을 떨었다. 그리고 전쟁의 열기가 고조되자 어떤 형식이든 무기 지원은 반드시 긴장을 고조시키고, 나아가 핵무기 사용으로까지 이어질 수 있다고 줄기차게 경고했다. 러시아는 패배할 수 없으며, 우크라이나는 가능한 한 빨리 무릎을 꿇어야 한다는 게 그들의 한결같은 주장이다. 이 시끄러운 무리는 각종 언론과 소셜 미디어에서 사람들을 동요시키는 데 성공했다.

그 필연적 결과는 이미 여론조사에서 드러나고 있다. 특정 무기 체계의 공급을 경계하고, 러시아의 조건을 수용하는 휴전 구상을 지지하는 응답자 비율이 점점 늘어나고 있다. 아직 이들이 과반에 이르지는 못했지만, 전쟁이 길어질수록 그 세력은 분명 확대되는 추세다. 민주주의 정치는 이 흐름을 외면할 수 없다. 이들은 독일 유권자 가운데 적지 않은 비중을 차지하고 있으며, 특히 구동독 지역에서는 이들의 영향으로 기존 정당 체계가 심각하게 흔들리고 있다.

이에 정치인들은 군사 지원을 지연하고 축소하는 것으로 반응했다. 이 글을 쓰는 시점에 우크라이나가 봉착한 군사적 난항은 무엇보다 이런 주저함에서 비롯된 측면이 크다. 물론 우크라이나 역시 몇 가지 명백하고 중대한 오류를 저질렀다. 특히 신규 병력 모집 문제에 관해서는 오늘날까지도 효과적인 해법을 마련하지 못하고 있다. 하지만 유럽 국가들은 우크라이나에 현대식 전차 몇 대를 제공하는 결정을 내리는 데도 지나치게 오랜 시간을 끌었다. 그사이 러시아는 군대를 재정비했고, 무엇보다 우크라이나 남부 전선에 광범위한 방어선을 구축함으로써 2023년 늦여름에 개시된 우크라이나의 대반격을 저지하는 데 성공했다.

또한 핵 위협은 유럽이 우크라이나에 무기 체계를 제공

하면서도, 그 사용 방식에 관해서는 까다로운 규칙과 제약을 부과하도록 만들었다. 이는 마치 무기를 주면서 한쪽 손을 등 뒤로 묶어놓은 것과 다름없다. 유럽은 스스로라면 결코 받아들이지 않을 싸움의 방식을 우크라이나에 강요했다.

우크라이나에 대한 모든 군사적 지원은 잠재적 핵 확전이라는 공포 시나리오에 근거해 실행되었고, 군사적 상황에 비추어볼 때 항상 너무 늦고 너무 빈약하게 제공되었다. 그러므로 그 나라를 곤경에서 구하고 러시아에 맞서 성공적인 방어진을 구축하기에는 언제나 역부족이었다.

러시아가 이 경험에서 얻은 교훈은 분명하다. 바로 핵 위협은 상대가 특정 조치를 취하지 못하도록 억제하는 데 효과가 있다는 것이다. 그러므로 내가 시나리오에서 제시한, 나르바를 둘러싼 러시아의 핵 위협과 그로 인한 나토의 결속 약화는 결코 상상이 아니다. 이 전개는 지난 3년간의 흐름을 현실적으로 반영한 것이다. 핵무기가 이 세상에 존재하지 않는 것처럼 굴 수는 없다. 하지만 핵 위협과 함께 작동하는 심리적 기제를 분명히 알아야 한다. 또한 러시아가 이를 의도적으로 그리고 전술적으로, 매우 영리하게 활용하고 있다는 사실을 반드시 우리의 고려 사항에 넣어야 한다.

전략의 부재

우크라이나 상황을 분석할 때 빠뜨려서는 안 되는 또 다른 요인은 바로 전략의 부재다. 이는 향후 전개될 상황에도 영향을 미칠 수 있다. 전쟁의 어느 대목에서도 명확한 전략이 서지 않았다. 이 침략 전쟁의 본질은 국제 질서가 앞으로 어떤 체제로 갈 것인가를 둘러싼 세계 질서의 충돌이며, 자유주의 세계 질서를 수호하려는 국가들과 기존 질서를 과격하게 뒤엎으려는 국가들 간의 대립에 있다. 그러나 이러한 인식이 정치권 책임자들의 머리에 스며들기까지 너무 오랜 시간이 걸렸으며, 지금도 충분히 자리를 잡았다고 장담하긴 어렵다.

이는 이란과 중국, 북한, 러시아 간 강화된 군사협력이 과소평가되는 결과를 낳았다. 아무도 이들의 결속을 끊으려고 시도하지 않았고, 세계 곳곳에서 발생하는 다양한 갈등과 대립을 일관된 맥락에서 조망하려는 노력 또한 없었다. 이런 태

만함 덕분에 이들 나라는 군사적으로 '사실상의 진영'을 구축할 수 있었다. 내 시나리오에서 이 진영은 나토의 주의를 분산시키는 역할을 함으로써 러시아의 작전에 가담한다.

전략이 없었던 다른 이유는 우크라이나를 지원하는 목표가 분명하게 규정되지 않았다는 데서도 찾을 수 있다. 유럽연합이 우크라이나를 지원한 목표는 러시아 점령군으로부터 영토 해방을 돕는 것일까? 혹은 우크라이나를 통해 러시아의 군사적 잠재력을 파괴해 유럽에 미칠 위협을 예방하는 것일까? 아니면 러시아가 타협적 평화에 동의할 때까지 우크라이나가 버틸 수 있도록 보조하는 것일까? 또는 이 모든 목표를 동시에 추구하는 것일까?

도대체 우크라이나의 지원국들이 어떤 전략적 목표를 추구하는지는 여전히 불분명하다. 다만 분명한 것은, 올라프 숄츠 독일 연방 총리가 종종 해온 "우크라이나는 져서는 안 되고 러시아는 이겨서는 안 된다"라는 말은 전략으로 인정될 수 없다는 사실이다. 이는 앞선 질문들에 대한 답이 되지 못하고, 작전으로 구현 가능한 목표를 제시하는 대신 두루뭉술하게 표현해 상황을 얼버무릴 뿐이다. 명확한 전략이 없으면, 확실한 지원의 노선도 없다. 후자는 전자로부터 도출되는 것이기 때문이다.

분쟁이 진행되는 와중에 나타난 변수도 있다. 많은 정치 책임자 사이에서 러시아가 우크라이나에 패배하면 붕괴할지 모른다는 두려움이 너무 커진 나머지 우크라이나 승리에 대한 염원이 줄어들고 말았다. 두려움을 키운 결정적 사건은 2023년 6월 말에 벌어진 이른바 '프리고진의 반란'이다. 변심한 용병 지도자 프리고진이 이끄는 민병대는 24시간 동안 아무런 제지나 이렇다 할 반격을 받지 않은 채 러시아 일부 지역을 통과해 모스크바 70킬로미터 인근까지 접근했다. 이 사건은 워싱턴에, 그리고 내가 알기로는 분명 베를린에도 러시아 내전에 대한 공포를 불러일으켰다. 핵탄두 6,000기를 보유한 나라 안에서 전쟁이 일어날지 모른다는 공포를.

하지만 러시아의 패배를 분명한 목표로 설정해 일관되게 나아가지 못한 데는 다수의 행위 주체가 품은 막연한 기대가 큰 몫을 했다. 그들은 모스크바가 이 전쟁에 가치가 없다는 사실을 저절로 깨닫게 되리라고 믿었다. 심지어 서방이 적절한 제안만 내놓는다면 푸틴은 이를 기다리고 있다가 곧장 협상 테이블로 나와 평화를 체결할 것이라고 생각한 이들도 있었다. 푸틴에게 타협적 평화는 애초에 선택지에 없다는 인식이 자리 잡는 데까지는 오랜 시간이 걸렸고, 마침내 그 사실을 명확히 알게 되었을 때는 이미 너무 늦었다.

그럼에도 러시아 대통령이 끝내 깨달으리라는 희망은 아직 완전히 사라지지 않았다. 이런 이유로 인해 시나리오 전반에 걸쳐 새로운 러시아 대통령의 의도가 반복적으로 화두에 오르는 설정은 충분히 현실적이다. 2000년 푸틴이 집권한 이래, 그를 민주주의 진영의 지도자들처럼 외교적 해법에 관심을 두는 행위 주체로 오인하는 상황이 여러 차례 되풀이되었다.

푸틴이 실제로 어떤 인물인지는 지나치게 오랫동안, 그리고 어떤 면에서는 지금도 여전히, 제대로 파악되지 않는다. 그는 러시아의 이해관계를 관철하기 위해서라면 폭력마저 정당한 수단으로 받아들이는 독재자일 뿐이다. 서방이 시나리오에서 설정한 상황에서 벗어나고자 한다면, 무엇보다 먼저 그에 대한 인식부터 바꾸어야 한다.

피로 누적

내가 쓴 시나리오에서 러시아에 승리를 가져다준 또 다른 요인은 사회와 정치권 전반에 누적된 피로다. 푸틴은 핵 긴장을 고조시켜 공포를 조장하는 동시에, 민주사회를 탈진시키는 이중 전략을 구사했다. 이 전략의 기저에 깔린 논리는 단순하다. 전쟁이 장기화될수록, 그리고 민주사회가 감내해야 할 경제적 비용이 커질수록 우크라이나 지원의 정당성에 대한 의문이 제기될 가능성이 높아진다는 것이다. 그러면 자연스럽게 이런 의문이 민주 정부의 의사결정 과정에 반영되도록 요구하는 사회적 분위기가 조성된다.

요컨대 푸틴은 전쟁을 길게 끌고 가는 데 있어 민주주의보다 독재 체제가 유리하다고 판단했고, 지금까지 관찰된 바로는 그의 판단이 틀리지 않았다. 전쟁이 길어지고 우크라이나의 군사적 성과가 제한적일수록, 여러 국가에서 점점 더 많은 시민이 우크라이나에 대한 지원을 지속할 가치가 있는지를 의심하게 되었다. 러시아 제재로 인한 비용이 증가할수록, 그 정책을 계속 지지하려는 사람들의 비율은 감소했다.

일부 국가에서는 극우와 일부 좌파 포퓰리스트 정당들이 전쟁 비용을 선거 쟁점으로 삼아 유권자들의 표를 흡수하는 데 성공했다. 우크라이나 난민 수용 문제를 정치적 프로파간다로 활용하는 현상은 특정 정치 세력에 국한되지 않았다. 따라서 또다시 대규모 난민 유입이 발생할 경우 사회적 분열이 심화될 것이라고 가정한 점은 충분히 현실적이다.

피로감은 다른 맥락에서도 영향을 미친다. 대부분의 국방 장관과 모든 참모총장은 물론, 일부 정부 및 국가수반까지도 한목소리로 러시아의 제국주의는 우크라이나에서 멈추지 않을 것이며, 러시아가 이미 그다음을 염두에 둔 군사적 대비에 착수했고, 나토와 러시아 간 군사적 충돌 가능성 또한 배제할 수 없다고 경고해 왔다. 하지만 상당수 국민은 이러한 전망에 회의적이다. 이를 단순히 국민의 무지로 치부할 수는 없다. 우리는 러시아군이 우크라이나 영토를 점령하는 과정에서 인명 피해는 물론 물적으로도 막대한 손실을 감수하는 것을 실시간으로 목격했다. 그러므로 러시아가 불과 몇 년 만에 또다시 대규모 군사 작전을 수행할 만큼 역량을 회복할 수 있을지, 하물며 나토를 상대로 군사력을 동원할 수 있을지에 의문을 제기하는 것은 어찌 보면 합리적인 반응이라 할 수 있다.

이 모든 요인을 종합해 보면, 나토 조약 제5조의 감내력을 제한적 방식으로 시험하는 이 시나리오가 현실화된다면 러시아는 소기의 목표를 달성할 것이다. 1949년 이래 서유럽에서, 그리고 1990년 이래로는 중유럽과 동유럽, 발트 3국까지 확대 적용되어 온 유럽의 안보 체계는 최종적으로 붕괴될 것이다. 집단 상호 방위에 대한 약속인 제5조가 실제로 작동한다는 믿음을 회원국들이 더 이상 공유하지 않게 되는 순간, 나토는 본래의 존재 이유를 상실한다. 그로써 나토는 끝이다.

무엇을 할 수 있는가?

앞서 언급했다시피, 시나리오는 가능한 미래를 상세히 펼쳐서 그에 대비할 뿐 아니라, 바로 그 미래가 닥치지 않도록 예방하는 기능도 한다. 이때 관건은 시나리오에서 전개한 미래의 요인을 현실에 반영할 수 있는지 여부다.

내가 초고의 마지막 문장을 쓸 때는 미국에서 도널드 트럼프가 막 취임한 상태였다. 24시간 내 우크라이나 전쟁을 매듭짓겠다던 그의 선거공약은 예상대로 공염불에 지나지 않았다. 트럼프조차도 상당히 빨리 두 나라가 휴전이나 일종의 영구 합의에 이르려면 상당히 많은 시간이 필요하다는 사실을 깨달았다.

내 시나리오는 미국이 우크라이나 지원을 철회하고 아시아에 집중하기 위해 차츰 유럽에서도 발을 빼리라는 가정에 근거한다. 이는 현실적인 선택지로, 트럼프의 두 번째 임기가 시작한 몇 주 만에 그 가능성이 증가했다. 그 결과를 생생하게 그려보는 것은 유럽의 나토 회원국들이 처한 전략적 상황을 파악하는 데 도움이 된다. 만약 유럽 국가들이 안보 문제에 있어 워싱턴에서 내려지는 결정으로부터 독립하고자 한다면, 그래서 더 이상 자신들이 영향을 미칠 수 있는 범위가 제한적인 결정에 좌지우지되지 않으려면, 지금이 바로 행동에 나설 때다.

하지만 미국이 꼭 유럽에서 철수한다는 법은 없으며, 적어도 지금 당장은 그러지 않을 것으로 보인다. 트럼프 취임 당시 그의 국가안보팀은 우크라이나 문제에 관해 러시아에 쉽게 양보해서는 안 된다는 결론을 내린 것처럼 보였다. 이는 러시아의 신제국주의적 야망을 부추길 뿐 아니라, 우크라이나의 다른 지역과 인근 국가에 상존하는 위협을 초래할 수 있기 때문이다. 다른 한편으로는 – 어쩌면 트럼프 측근에게는 이 사안이 더 중요할 수도 있는데 – 미국 대통령이 푸틴과 시진핑의 눈에 약한 지도자로 비칠 수 있기 때문이다. 이는 어떠한 경우에도 피해야 할 상황으로, 그렇지 않을 경우에 다른 국가들이 덩달아 군사적 수단을 동원해 국경 변경을 시도하도록 부추기는 결과를 낳을 수 있다.

그래서 미국의 새 행정부가 우크라이나에 군사적 지원을 계속 제공하기로 결론을 내린 것처럼 보였다. 트럼프 임기 초기에는 우크라이나가 전선을 안정시키고 가능한 한 유리한 출발점에서 협상에 임할 수 있도록 도와주리라는 관측이 제기되었다. 그러나 이 경우에도 푸틴을 협상 테이블로 끌어내야 한다는 숙제가 남는다.

푸틴의 입장에서 지금 상황은 매우 순조롭다. 우크라이나에 제공되는 무기 지원이 감소함에 따라 돈바스 일대에서 러시아군은 점점 더 많은 영토를 차지하고 있다. 현시점에서 푸틴이 진지하게 협상 테이블에 앉아야 할 이유는 없거나 아주 적다. 따라서 나는 트럼프 행정부가 적어도 초반에는, 내 시나리오 전개와 정반대로 행동할 가능성도 있다고 전망했다. 러시아가 타협의 의지를 갖고 협상 테이블로 나오도록 유도하기 위해, 단기적으로는 군사 지원을 최대치로 끌어올려 '긴장 고조 후 긴장 완화' 전략을 추진할 수도 있다고 본 것이다. 이는 트럼프 국가안보팀을 비롯한 다양한 발언에서 종합한 추측이었으나 결국 현실이 되지는 않았다. 적어도 이 원고를 마지막으로 손보는 시점에서는 그렇다.

하지만 상황은 몇 주 만에도 달라질 수 있다. 트럼프 정치의 핵심은 예측 불가능성에 있기 때문이다. 어느 날 갑자기 미국 대통령이 젤렌스키를 독재자라고 불렀다. 다음 날에는 아무 일도 없었다는 듯 우크라이나의 소중한 자원에 대한 처분

권을 미국이 갖는 조건으로 젤렌스키와 협상했다. 그러다 돌아서서는 "평화가 끝내 찾아오지 않는 것은 젤렌스키의 책임"이라는 러시아의 화법을 따라 하며 젤렌스키를 모욕했고, 백악관으로 부른 우크라이나 대표단을 빈손으로 쫓아냈다. 곧장 미국의 무기 지원이 중단되었고, 미 정보기관이 더 이상 우크라이나와 정보를 공유하지 않는다는 소식이 알려졌다. 결국 트럼프의 행동은 푸틴에게 유리한 판을 깔아주었다.

반대로 트럼프는 러시아 대통령에게 제재 해제와 G7 복귀 가능성을 제시하는 등 광범위한 협력을 제안하고 있다. 미 국방 장관은 우크라이나에서 체결될 수 있는 어떠한 휴전에 관해서도 미국이 군사적 보장 역할을 맡지 않을 것임을 밝혔다. 본격 협상이 시작되기도 전에 러시아에 무엇을 어디까지 양보할 것인지를 공개하는 트럼프 행정부의 협상 전술은 지나치게 혁신적이란 평가다. 그 양보에는 우크라이나의 나토 가입을 차단하겠다는 입장까지 포함되어 있다.

그러자 일각에서는 "러시아의 영향 아래 있는 공작원이 백악관에 있는 것과 다를 바 없다"라는 평가가 나왔고, 이에 트럼프는 러시아가 우크라이나를 계속 폭격하고 있다며 다시 제재와 관세로 푸틴을 위협했다. 그러나 불과 몇 시간 뒤 그는 러시아의 그림자 함대*에 대한 제재 강화를 철회했고, 러시아 대통령이 전쟁을 끝내고 싶어 하며 굳이 그럴 필요가 없는데도 협상에서 관대하게 나올 것 같다며 치켜세웠다.

비관적으로 보자면, 트럼프는 러시아의 자산이거나, 혹은 그저 정신없고 무계획적인 인물일 뿐이다. 애써 긍정적으로 해석하자면, 베트남전 당시 리처드 닉슨 대통령이 구사했던 '미치광이 전략(Madman Strategy)'을 예측 가능성을 극단적으로 낮추는 방식으로 변형해 따라 하고 있는지도 모른다. 말하자면, 적이든 동맹이든 파트너든, 그 누구도 트럼프가 다음에 무엇을 할지 확신할 수 없도록 만들어 모든 시선을 그와 그의 의도에 집중시키고 결국 자기 뜻을 관철하는 접근법이다. 이 전략의 목표는 의도적으로 비이성적인 행동을 연출함으로써 경직된 구조를 깨뜨리는 데 있다. 만약 그것이 목표라면, 전략

---

*   서방의 제재를 피해 러시아 석유를 비밀리에 운송하는 유조선 네트워크.

은 애초에 실패할 수밖에 없고 그 결과로 우크라이나 전쟁은 러시아에 유리하게 진행될 것이다. 시간은 모스크바의 편이기 때문이다.

성공을 호언장담한 도널드 트럼프는 푸틴과의 협상에서 성과를 내야만 하는 반면, 푸틴은 자기가 원하는 바를 얻을 때까지 기다릴 수 있다. 필요하다면 협상을 깨고 계속 싸울 수도 있다. 트럼프는 이미 푸틴 압박에 쓸 수 있었던 모든 카드를 스스로 날려버렸다. KGB 요원으로 잔뼈가 굵은 푸틴이 이랬다저랬다 하는 트럼프의 변덕에 주눅 들 리도 없다.

트럼프가 또 어떤 별난 발상과 화법으로 우리를 놀라게 하는지와 무관하게, 유럽인들이 이 책의 시나리오를 막고자 한다면 미국의 도움 없이 자력으로 러시아를 저지할 수 있는 위치를 알아내 확보해야 한다. 우크라이나와 발트 3국의 근본적 차이는 나토 가입 여부, 즉 북대서양조약 제5조에 의한 안보 보장에 있다는 주장은 반복적으로 제기되었지만, 내 시나리오와 집단 방위에 관한 트럼프 행정부의 발언에 비춰보면 전적으로 타당한 주장은 아닌 것 같다.

1949년 이래 나토의 역사를 돌이켜보건대, 미국이 실제로는 집단 방위 의무를 이행하지 않을지도 모른다는 우려는 나토 회원국 사이에 상존해 왔다. 일부 회원국은 과연 미국이 함부르크 해방을 위해 뉴욕이 파괴될 위험을 감수할 것인가에 반복적으로 의문을 제기했다. 전 유럽이 소련과 바르샤바조약기구의 위협을 생생하게 체감하던 시기에도 나토 회원국은 이런 우려를 했다.

그렇다면 오늘날에는 더더욱, 미국은 물론 포르투갈이나 스페인 같은 국가들이 과연 특정 지역에 국한된 긴장 고조를 해소하기 위해 자국 병력과 민간인의 생명을 위험에 빠뜨리려 할지를 의심하는 것은 자연스럽다. 러시아도 정확히 같은 의심을 품고 있다. 만약 우리가 이 시나리오에서 가정한 시험을 피하고자 한다면, 모스크바가 우리에게 유리한 답을 내리도록 만들어야 한다. 다시 말해, 크렘린이 직접 계산기를 두드려 자신들의 행동이 초래할 위험이 예상되는 이익보다 더 크다는 결론을 내려야 한다.

언젠가 러시아가 다른 국가들을 공격할 수 없을 정도로

약화될 것이라는 기대나, 러시아의 제국주의적 야심이 오직 우크라이나 일부 지역에 국한될 것이라는 기대는 공중누각에 가깝다. 푸틴은 러시아의 위대함을 회복하고 유럽의 안보 구조를 파괴하는 것이 자신의 목표임을 단 한 번도 숨긴 적이 없다. 그에게는 이것이 역사적 사명이다. 우크라이나에서 러시아 국민의 생명을 희생시키고 국가 경제가 고통을 감내하도록 내버려두는 것은 러시아 대통령이 자신의 목표를 얼마나 이념적으로 집요하게 추구하고 있는지를 보여주는 웅변적인 증거다.

따라서 유럽인들은 지난 3년간 – 물적으로나 인적으로나 – 군비 확충에 들인 노력을 앞으로도 멈추지 말아야 한다. 심지어 이제는 유럽의 억지력에서 미국을 확실한 힘으로 넣을 수 없게 된 만큼, 더 많은 책임을 짊어질 각오를 해야 한다. 어느 순간 러시아가 나토의 결속을 시험해 보려고 마음먹을 가능성을 낮추려면, 올라프 숄츠 독일 총리가 말한 "동맹의 마지막 1제곱미터"를 사수할 진정한 의지가 우리에게 있으며 실제로 그럴 역량도 있다는 인상을 심어줘야 한다.

내가 이 시나리오의 초고를 마무리한 후로도 유럽의 방위 분야에는 많은 변화가 있었다. 2025년 뮌헨 안보 회의*와 백악관에서 벌어진 '젤렌스키-밴스 외교 파동'**을 거치며, 미국을 안보 정책상 파트너로 더 이상 신뢰할 수 없다는 인식이 유럽 전반에 확산되었다. 그 결과 다수의 유럽 국가가 앞으로는 스스로를 지켜야 하며, 이를 위해 가능한 한 신속하게 방위 역량을 갖추어야 한다는 경각심을 공유하게 되었다.

이러한 문제의식 속에서 2025년 3월 6일에 열린 유럽연합 정상회담에서는 8000억 유로라는 막대한 재원이 동원되었고, 회원국이 국방에 더 많은 투자를 할 수 있도록 하는 포괄적인 조치들이 결정되었다. 독일에서는 2022년 2월 러시아

---

* 2월 14일 회의에서 JD 밴스 미 부통령은 독일과 영국의 반민주적 성향이 유럽의 자유에 러시아의 침략보다 더 위협이라는 주장을 해 서방 동맹에 균열을 일으켰다.

** 2월 28일 백악관 집무실에서 열린 회담에서 밴스 미 부통령은 젤렌스키 우크라이나 대통령이 배은망덕하다고 꾸짖었고, 트럼프 역시 젤렌스키가 제3차 세계대전을 놓고 도박을 하고 있다고 비난했다. 이 회담 이후 미국이 우크라이나를 버릴 수 있다는 추측이 제기되었다.

침공 직후조차도 주저했을 법한 규모의 재정 투입이 현재 의결을 앞두고 있다.

이런 흐름만 놓고 보면, 유럽이 지금 직면한 역사적 과제에 걸맞은 대응책을 마련할 가능성은 상당히 커 보인다. 그러나 그것이 실현될 것이라고 확신할 수는 없다. 내 시나리오는 이제 막 형성된 동력이 효과적인 행동으로 이어지지 못할 경우, 다시 말해 시간이 지나 흐지부지되거나 막대한 자금이 허공으로 날아가거나 중간에서 새버린다면 어떤 결과가 초래될지를 보여준다. 중요한 것은 배정되었거나 구두로만 약속된 예산의 총액이 아니다. 관건은 어떤 군사적 역량이 실제로 구축되는가이다.

이 문제에서 가장 결정적인 변수는 시간이다. 설령 더 많은 자금이 확보된다 하더라도, 전통적인 군사 장비들이 유럽의 병영에 배치되기까지는 여러 해가 걸릴 것이다. 그사이 미국의 안보 보장이 약화된다면, 러시아는 내 시나리오에서 묘사한 방식으로 나토를 시험해 보려는 유혹을 더 강하게 느낄 것이다. 그러므로 돈을 얼마나 쓸지도 중요하지만, 어떻게, 그리고 무엇을 위해 쓸지도 중요하다. 장비 목록에서 전차 대수를 늘리는 것보다, 구체적인 억지력을 신속하게 확충하는 것이 더 중요한 과제다.

내 시나리오에서는 군비 부족 외에도 러시아에 단호하게 맞서겠다는 사회적 결의의 부족 또한 러시아를 승리로 이끄는 핵심 요인으로 작용한다. 하이브리드 전쟁 수행 방식에 의해 민주사회의 공존 질서가 위협받고 있다는 사실을 깨닫지 못하는 사회, 러시아가 각종 선전과 허위 정보를 동원해 민주적 제도와 절차가 사회적 문제를 해결할 수 있다는 시민의 신뢰를 뒤흔들고 있다는 현실을 알아차리지 못하는 사회, 나아가 그 최종적인 목적이 민주주의라는 국가 형태 자체를 불신하게 만드는 것임을 자각하지 못하는 사회는 위기에 맞서 버텨낼 회복력이나 저항 능력을 갖추지 못할 것이다.

회복탄력성은 앞으로 수년간 유럽 국가 앞에 놓이게 될 과제를 감당하기 위한 핵심 전제 조건이다. 러시아를 저지하고 봉쇄하는 일은 유럽 사회가 그 대가를 기꺼이 치르기로 결의할 때만 가능하다. 그리고 그 대가는 극단적인 경우에는 동맹 방위를 위한 인명 희생이라는 형태로 치러질 수도 있지만, 이미 지금 이 순간에도 경제적 손실과 정치적 비용이라는 형태로 발생하고 있다. 국방비 증액을 관철하려면 다른 분야의 지출을 삭감하거나 적어도 그만큼 투자를 줄여야 한다는 점에서 결국 이는 국가 예산 집행의 우선순위를 정하는 문제로 귀결된다.

하지만 사회적 회복탄력성 부족이 초래하는 부정적 영향은 재정적 차원에만 국한되지 않는다. 사회적 지지가 뒷받침되지 않는 한, 군대는 부여된 임무를 장기간 수행할 수 없다. 그런 의미에서 앞으로는 회복탄력성, 즉 사회 전반의 저항 능력이 결정적인 역할을 하게 될 것이다. 사회적 회복탄력성이 있어야 정부가 외부의 위협으로부터 국가의 안보를 보장하는 본연의 임무를 수행할 수 있다.

다만 사회가 회복탄력성을 갖추겠다는 결의를 다지기 위해서는 정부도 시민들과의 공개적 담론을 통해 이 사안에 무엇이 걸려 있는지를 투명하게 알려야 한다. 민주사회는 하이브리드 전쟁 수행 방식으로 위협받고 있으며, 궁극적으로는

민주적 국가 체계의 존속이 시험대에 올라가 있다. 좀 더 비장
하게 말하자면, 우리가 어떻게 살아가고 또 어떻게 살아가고
자 하는가가 걸려 있다.

이 책에 대하여

2028년 3월, 러시아 군대가 에스토니아의 소도시 나르바와 발트해의 히우마섬을 점령한다. 발트해 연안에 대한 공격이 개시된 것이다. 이는 우크라이나 전쟁이 종료된 이후 유럽이 군비를 재정비하지 않고 핵심적 역량을 상실한 대가다. 이 상황에 나토 조약 제5조가 적용될 것인가? 동맹은 어떤 결정을 내릴 것인가? 과연 나토 동맹은 핵전쟁의 위험을 감수할 수 있는가?

우리는 행복한 결말에 익숙하다. 하지만 만약 결말이 그렇지 않다면? 만약 러시아가 승리한다면? 이는 저명한 정치학자이자 군사 전문가인 카를로 마살라가 그의 신작에서 펼쳐낸 가상의 미래 시나리오에 불과하지만, 오늘날 우리가 처한 위기의 본질을 극적인 방식으로 보여준다는 면에서 더욱 특별하다.

러시아가 승리한다면
2028년 전쟁 시나리오

초판 1쇄 발행 2026년 4월 5일

지은이 카를로 마살라
옮긴이 이지윤

펴낸이 김진규
경영지원 정동윤
책임편집 김민영

펴낸곳 (주)시프 | 출판등록 2021년 2월 15일(제2021-000035호)
주소 경기도 고양시 덕양구 권율대로668 티오피클래식 209-2호
전화 070-7576-1412
팩스 0303-3448-3388
이메일 seepbooks@naver.com

ISBN 979-11-92421-58-2 (03340)